D1725835

Loi n° 49 956 du 6 juillet 1949 sur les publications destinées à la jeunesse, modifiée par la loi n° 2011-525 du 17 mai 2011 : Mars 2023
ISBN 979-8-3765164-2-3
Dépôt légal : Mars 2023
Imprimé à la demande par Amazon
30 € TTC

Les héros oubliés

Mai et juin 1940
Des Ardennes à Saint-Valery-en-Caux

TOME 1

Distante Raphaël

Introduction

En mai et juin 1940, l'Union européenne des nations s'est unie pour combattre le régime du dictateur Adolf Hitler.

Cette nation nazie n'a pas hésité à attaquer les démocraties qui ne répondirent jamais par la force aux premières attaques guerrières d'Hitler

Finalement, l'armée allemande déclencha la Seconde Guerre mondiale en attaquant la Pologne en septembre 1939, alliée de la France et du Royaume-Uni.

Encore une fois, on laissa faire Adolf Hitler, la Pologne est seule face à la déferlante allemande.

De septembre 1939 à mai 1940, une drôle de guerre entre la ligne Siegfried et la ligne Maginot est engagée. Des escarmouches surviennent parfois, mais les positions sont statiques.

Le 10 mai 1940, les unités allemandes attaquent et c'est le début de l'histoire de nos divisions françaises et britanniques des Ardennes à la Côte d'Albâtre.

Des hommes, des héros vont combattre durant deux mois dans une guerre totale avant de rendre les armes, après avoir perdu de nombreux soldats.

100 000 morts, c'est le chiffre officiel des autorités pour cette première bataille de France.

Les cimetières militaires dans nos villages des Ardennes, de la Somme et de la Seine-Maritime témoignent que les combats furent très meurtriers.

Nous allons découvrir ces héros à travers des rapports militaires, des récits personnels et des photographies d'époque.

Tous ces hommes sont des héros du 20e siècle, les derniers combattants pour une Europe libre désormais en paix.

Raphaël Distante

Chapitre 1

La France et le Royaume-Uni en guerre

Pour bien comprendre les événements survenus sur la côte d'albâtre, il est nécessaire d'avoir des témoignages de survivants et des rapports militaires qui apportent une vision bien précise de ce que la France a subi durant cette période de mai et juin 1940.

Les récits de vétérans français et britanniques ainsi que des rapports militaires de la 2e et 5e division légère de cavalerie (DLC) et de la 51e division écossaise vont nous éclairer sur ce qu'ils ont enduré du 10 mai au 12 juin 1940.

Avant de débuter par ces témoignages, il est important de découvrir la gestion de la crise par le gouvernement français durant cette période du conflit sur le sol de France.

Dès la déclaration de guerre à l'Allemagne, la France et l'Angleterre positionnent leurs soldats sur les frontières. Une drôle de guerre commence le 2 septembre 1939 et se termine le 10 mai 1940, le jour de l'invasion allemande. Les services secrets français ne sont pas surpris, car des messages décryptés, peu avant l'assaut, précisaient une attaque entre le 8 et le 10 mai 1940 et par les Ardennes (1). Les chefs militaires et les hommes politiques en sont informés et le paradoxe c'est que ces renseignements capitaux ne sont pas pris en compte. Ils considèrent que la forêt des Ardennes est infranchissable ! La logique essentielle est de ne pas déclencher le premier les hostilités afin d'avoir encore une chance de sauvegarder la paix, pour le peuple de France.

La Première Guerre mondiale qui a été très meurtrière dans toutes les familles françaises est la raison principale d'un peuple devenu pacifiste. Malheureusement, les mouvements guerriers surviennent comme indiqué par les services secrets français, le 10 mai 1940, par l'invasion de la Belgique et de la Hollande.

Ce même jour, la France subit une trentaine de bombardements qui endommagent des gares et des aérodromes. L'aviation française est partiellement anéantie. La population est instantanément confrontée à la réalité de cette guerre éclair et brusquement l'exode s'accentue vers des régions qui habituellement sont épargnées par les combats.

(1) Certains témoignages de vétérans précisent même qu'ils avaient aperçu les Allemands dans la forêt des Ardennes sans penser que l'armée allemande était prête à l'attaque. Ces mêmes vétérans assurent qu'ils n'avaient pas le droit de tirer sur les soldats allemands même s'ils avaient la possibilité de le faire.

Ces régions sont avisées par cette population en détresse et elles discernent la réalité des faits que les dépêches publiées dans les médias français sont erronées. Pendant ce temps, le général Gamelin, chef du haut commandement militaire, applique son plan qui est malencontreusement celui espéré par l'état-major allemand. L'ordre d'envoyer les troupes britanniques et françaises en Belgique au-devant de l'envahisseur est donné. Le gros de l'armée allemande s'oriente vers la forêt des Ardennes afin de prendre à revers les troupes françaises et britanniques. Les gros titres des journaux français sont apaisants, la défaite n'est pas encore intégrée, car l'espérance de vaincre l'Allemagne est réaliste selon les généraux de l'état-major français (2).

Dès le 12 mai 1940, la population belge est sur les routes de l'exode en direction de la France. Les bombardements accomplis par l'aviation allemande sont meurtriers, même l'Angleterre est touchée pour la première fois à Canterbury. Le ministre britannique Neville Chamberlain démissionne et il est remplacé par Winston Churchill.

Le 13 mai 1940, la ville de Rotterdam est pilonnée par l'aviation allemande malgré sa capitulation. Un signal visuel devait permettre d'éviter ce drame, mais ce signal pourtant mis en place n'a pas été vu par l'aviation allemande qui a lâché ces bombes sur la ville. Trente mille habitants sont tués.

Le 14 mai 1940, Rouen et Nancy sont bombardées, on déplore 22 morts et 40 blessés. Les bombardements sont quotidiens et les Français ne sont pas informés convenablement. Les journaux français sont positifs, ils évoquent des chiffres et des récits en totale contradiction avec la réalité des sanglants combats. Les civils subissent les coupures d'électricité et les radios deviennent muettes. Seule la population aux alentours des zones bombardées est informée en temps réel à la vue des troupes qui commencent à abandonner la région martyrisée. Des millions de personnes s'engagent sur les routes de France en utilisant tous les moyens de l'époque pour transporter ce qui leur reste de plus précieux soit en voiture, en camion, en vélo, en charrette, une poussette, un landau, etc. Cet exode ne facilite pas les manœuvres des militaires et devient un des éléments qui perturbe énormément l'armée britannique et française. L'armée allemande accentue cet aspect de la bataille par le mitraillage des routes avec les stukas aux sirènes hurlantes.

Le 15 mai 1940, l'armée hollandaise capitule. Le gouvernement français apprend l'effondrement de l'armée qui défend la Meuse entre Sedan et Namur, huit ou neuf divisions décrochent. La situation est dramatique, car les armées du Nord, celles dont le général Gamelin a demandé de rentrer en Belgique et en Hollande, n'ont pas encore enclenché le mouvement de recul. Ces armées représentent une douzaine de divisions, les meilleures divisions britanniques et françaises.

Le président du conseil Paul Reynaud n'ose pas appeler le général Gamelin pour connaître sa réaction face à ce désastre. Selon Paul Baudouin, sous-secrétaire d'État à la présidence du conseil, le président du conseil est angoissé face à son incapacité d'obtenir des renseignements du haut commandement, dans lequel il n'a pas confiance. Il prononce devant Paul Baudouin pour la première fois le nom du maréchal Pétain en ces termes : « *Ah ! Si le maréchal était là. Il pourrait agir sur Gamelin. Sa sagesse et son calme seraient d'un bien grand secours* ».
C'est ainsi que Paul Reynaud devint ministre de la Défense nationale en remplacement de Daladier afin qu'il soit en relation directe avec le haut commandement, le 18 mai 1940. L'ambiance est désastreuse au sein du gouvernement et les jours qui suivent ne sont guère mieux…

(2) Le ministre belge Spaak admettra le premier que faute d'imagination nous avons perdu la guerre

A L'ARC DE TRIOMPHE, APRÈS L'HOMMAGE AU " SOLDAT INCONNU " : UN GROUPE DE
DRAPEAUX FRANÇAIS PASSE DEVANT UN DÉTACHEMENT DE L'ARMÉE BRITANNIQUE

© Collection auteur : couverture du journal « L'illustration » du 18 novembre 1939.

Le 16 mai 1940, les blindés allemands sont à Laon, la route de Paris est ouverte, le gouvernement souhaite le départ du responsable, le général Gamelin. Le moral en France est au plus bas… le gouvernement commence à anticiper un départ de la capitale.

À 16 heures, Winston Churchill arrive avec son état-major. Le mouvement de recul général des armées lui est expliqué ainsi que la large et profonde poche allemande dessinée en rouge sur une carte d'état-major.

Churchill en est très surpris, selon Paul Baudouin. Il répète que plus les Allemands avanceront, plus ils seront à la merci d'une contre-attaque. Une nouvelle fois, le général Gamelin explique plus clairement la position des troupes françaises, leur surprise, leur bousculade et les divisions en réserve très peu nombreuses. Churchill demande au général Gamelin de répéter… L'ambiance est angoissante, d'après toujours le témoignage de Paul Baudouin.

Edouard Daladier d'un signe demande à Paul Baudouin d'approcher et lui chuchote à l'oreille : « *L'erreur, l'impardonnable erreur, a été d'envoyer tant de monde en Belgique* ».

Pendant ce temps, Churchill ne paraît toujours pas saisir la gravité du drame. Le président du conseil prend la place du général Gamelin. Il assaille Churchill du regard et d'images afin qu'il comprenne enfin la situation critique de la France. Il prononce cette phrase plus explicite : « *La pointe dure de la lance allemande a traversé nos troupes comme une digue de sable* ».

Après deux heures d'écoute, Churchill est définitivement convaincu du tragique destin de la France et il accorde immédiatement des avions afin de bombarder les passages de la Meuse pour essayer de colmater la poche, la brèche allemande. Un télégramme est envoyé en Angleterre pour satisfaire cette requête en indiquant qu'une partie de l'armée française est menacée du même sort que l'armée polonaise.

Churchill indique à Paul Reynaud que si la France est envahie et vaincue, l'Angleterre continuera de se battre.

Le 17 mai 1940, un message radiotélégraphique est capté en clair lancé par les Allemands :
« *À partir de maintenant, la poussée n'est plus à faire sur Paris, elle est à faire sur la mer* ». Ce même jour, le général Weygand reçoit un message du président du conseil :
« *La gravité de la situation militaire sur le front occidental s'accentue. Je vous demande de vous rendre à Paris sans aucun retard. Prenez les dispositions utiles pour remettre vos fonctions à la haute autorité que vous choisirez. Le secret de votre départ est désirable* ».

© Churchill apparaît sur une couverture d'un journal britannique « The war illustrated ».

Les jours qui suivent emporteront le général Gamelin vers sa destitution. Le drame militaire et la désastreuse communication avec le président du conseil en seront la cause.

Le 19 mai 1940 à Paris, Gamelin est destitué par Paul Reynaud et le général Weygand prend le commandement de l'armée alliée et française, le 20 mai 1940. Ce même jour, le général Weygand ne connaît pas encore toute l'ampleur du désastre, toutes les informations ne lui ont pas été divulguées.

La Belgique résiste et le général Weygand prévoit un nouveau plan en intégrant l'armée belge et britannique. Mais l'armée belge dépend de la résistance de l'armée britannique qui ne semble plus vouloir réellement collaborer avec l'armée française. Or aux yeux de Weygand, elles sont indispensables pour stopper l'armée allemande. La confiance, le manque de communication et le temps manquent cruellement à la réussite du plan du général Weygand. Dès son arrivée à son poste, il juge impossible de réorganiser l'état-major mis en place par le général Gamelin.

Par contre, il donne l'ordre à tous ses généraux de prendre des initiatives, les responsabilités et les moyens nécessaires afin de résister à l'ennemi, sans attendre un ordre de sa part. Le général Gamelin semble avoir été le centre du dispositif décisionnaire ce qui n'était pas, semble-t-il, du goût de son successeur. Le manque d'autonomie est préjudiciable dans une période comme celle que vivent les troupes françaises. Il faut réagir rapidement avec efficacité. Le général Weygand devant les membres du gouvernement, résume les dix jours de bataille, tant en Belgique que sur la Meuse.

L'armée française a perdu quinze divisions, ce qui représente dix divisions d'infanterie, deux divisions légères de cavalerie, une division de cuirassier, deux divisions de forteresse. Des troupes de réserves n'existent plus et il est impossible, même si on le souhaite, d'habiller et d'armer les nouvelles recrues des classes de 1939 et de 1940. La situation est critique, mais il est entouré d'hommes qui ont l'ambition de résister et de stopper l'armée allemande.

Instantanément, des ordres clairs sont appliqués sur le terrain. Les routes sont libérées, les civils ne peuvent circuler que de 18 heures à minuit. Les canons de 75 mm sont utilisés face aux blindés allemands en réponse à l'insuffisance de canons antichars (3). Il est aussi utilisé le jet de bombes incendiaires et de jet d'essence sur les blindés. Dès son arrivée, le général Weygand élabore de nouveaux scénarios, cependant il est préoccupé par l'absence totale de communications avec les armées du Nord.

Elles peuvent sortir la France du drame qu'elle subit, mais encore faut-il pouvoir communiquer avec celles-ci. Seuls les messages transitant par l'Angleterre arrivent à destination des troupes du Nord. Et c'est ainsi que le 21 mai, le général Weygand se rend dans le Nord pour révéler son plan de défense et de contre-attaque à l'état-major belge, britannique et française.
Il est confronté à de considérables difficultés pour parvenir à destination. Les membres du gouvernement apprennent qu'Abbeville est occupée par l'armée allemande.

Il n'a pas de dépêches du général Weygand, il pense qu'il est soit blessé ou prisonnier, il réfléchit à son remplacement si nécessaire.

---

(3) Cette pratique sera reprise par l'armée allemande dans la bataille de la Somme en utilisant ses canons de 88 mm contre les blindés français.

© Couverture du journal l'illustration du 25 mai 1940, quelques jours après la prise de fonction du général Weygand. De gauche vers la droite, le général Weygand, un secrétaire, Paul Reynaud et le maréchal Pétain.

Le 22 mai 1940, le général Weygand est de retour après un voyage chaotique où il est dans l'obligation de transiter par l'Angleterre et Cherbourg. Dès son arrivée, il expose au gouvernement son plan qui est validé par les élus et Churchill.

Dans la même journée, le général Billotte, un des stratèges du plan de Weygand est tué lors d'un grave accident de voiture. Encore une fois, le destin affecte le général Weygand.

Le 23 mai 1940, le gouvernement effectue un bilan des possibilités de fabrication en nombre d'armements tels que les chars SOMUA. Le ministre de l'Armement expose le bilan matériel de la production des tanks lourds. Il fait approuver le principe d'une importante commande aux États-Unis, qui permettrait de produire 1000 chars SOMUA, par mois à partir du 1er janvier 1941 ! L'espoir est assurément revenu avec le général Weygand à tel point que le gouvernement ambitionne de mettre tout en œuvre pour contenir toutes les évacuations des administrations, même celles de Paris. La population doit recouvrer la confiance.

Les journaux publient que de bonnes dépêches, communiquées par le gouvernement ! Lors d'une réunion avec le gouvernement le général Weygand informe que la plus grande partie des divisions motorisées allemandes (dont il ignore le nombre !) paraissent être à l'ouest de la ligne et il va essayer de fermer la brèche. Elles remontent d'Abbeville vers Boulogne et il indique son ambition :

« Il y a là des forces considérables, dans une position assez risquée. Le moment est venu de tenter leur séparation avec le gros des armées allemandes qui arrive par camions, mais qui évidemment marque, par rapport à ces unités blindées, un retard dont il faut que je profite.
Ou je réussis cette opération et c'est une victoire, ou j'échoue et la guerre est perdue, mais nous aurons sauvé l'honneur. C'est un plan très audacieux. Si je suis suivi, si les Anglais attaquent à fond vers le Sud-est, si les Belges tiennent face à l'est, nous pourrons couper les blindés allemands, de leurs bases ».

Le général signale encore une fois une situation qui le satisfait amplement, celle de l'armée du Sud du général Frère qui se positionne déjà sur la Somme, son plan est conforme à ses prévisions. De plus, le général Frère lui signale que ses troupes retrouvent le moral. Depuis l'arrivée, du général Weygand à la tête du haut commandement, les troupes ont repris confiance. Weygand observe sur le terrain militaire, l'héroïsme et le moral de ses troupes.

Le général Weygand ayant appris qu'une quarantaine d'officiers français provenant de l'armée de Belgique se sont réfugiés à Londres, demande à Paul Reynaud de les faire arrêter par les autorités britanniques et de les ramener en France. Weygand décide aussi de faire venir trois divisions les mieux équipées de l'Afrique du Nord. Paul Reynaud reprend confiance et approuve sans réserve les décisions du général.

Le 24 mai 1940, les Anglais n'accomplissent pas le plan de Weygand, bien au contraire ils se dirigent vers les ports afin d'évacuer leurs troupes. Le général Weygand n'est pas surpris ! Il s'attendait à ce revirement de situation. La veille au soir, un appel téléphonique d'un général britannique avait surpris le général Weygand, car à aucun moment celui-ci n'indique qu'il a reçu des ordres de Churchill pour l'application de son plan ! Cette déconvenue n'empêche pas Weygand de développer son plan en apportant une modification pour remédier à l'absence des troupes britanniques. Le général estime que cette transformation du plan primitif, à laquelle le commandement anglais le contraint, est très grave. D'ailleurs, une nouvelle stratégie est anticipée au cas où le plan initial serait un échec. Le général échafaude en continuité des résolutions en fonction des événements qui surviennent. Il avise le gouvernement en permanence des plans de défense qu'il édifie au fur et à mesure des bonnes ou mauvaises nouvelles. Un message est dépêché à Churchill lui indiquant de donner des ordres afin que le plan de Weygand soit honoré ! Weygand souhaite rapidement la jonction des armées du Nord et du Sud sinon il sera difficile d'éviter la capitulation. Il étudie et anticipe un plan de résistance au niveau de la Somme et de la Seine avec le maréchal Pétain. Le repli du gouvernement est de nouveau d'actualité.

Le 25 mai 1940, les unités britanniques maintiennent leur liaison avec l'armée du général Blanchard. La veille, les troupes britanniques ont reculé de 40 kilomètres en abandonnant les abords de la ville d'Arras aux blindés allemands. Le plan Weygand va enfin pouvoir s'appliquer, mais cet acte britannique entraîne des complications. Une offensive est en cours de préparation pour le 26 mai en direction de Péronne, en dépit de tous ces problèmes de communications entre le haut commandement britannique et français. Le général Weygand donne les pleins pouvoirs au général Blanchard et exprime sa joie devant l'ambition de contre-attaquer pour la première fois, face à l'ennemi.

Le 26 mai 1940, Paul Reynaud reçoit Winston Churchill. Celui-ci dément que des ordres du War Office ont été donnés à ses troupes, contraire à ceux de Weygand. Il se justifie en évoquant un problème de communications entre généraux français et britanniques, pour être plus précis entre le général Blanchard et le général Gort. Et encore une fois, il répète qu'il approuve le plan Weygand. Mais Churchill n'est pas crédible, et les actes qui suivent vont apporter la preuve à Weygand que Churchill a bien menti. Le maréchal Pétain indique que 80 divisions françaises se battent avec seulement 10 divisions britanniques. Le général Weygand souhaite une plus grande implication des Britanniques et il en fait la demande auprès de Winston Churchill qui lui promet d'autres divisions, celles de Dunkerque qui ont retrouvé le sol anglais afin de les réarmer. Paul Reynaud s'efforce d'appuyer toutes les demandes de Weygand auprès de Churchill. Lors de cette journée et pour la première fois, l'idée d'une demande de traité de paix avec l'Allemagne est préparée afin de l'évoquer auprès de Winston Churchill. La France a l'obligation d'en référer à l'Angleterre pour obtenir son accord. C'est un point important entre les deux pays qui doit être respecté. Le gouvernement décide d'expliquer la situation dramatique de la France et Paul Reynaud se rend à Londres afin que le gouvernement britannique se prépare à toutes les éventualités d'un combat perdu sur le sol de France. Il doit aussi discuter avec le War Office afin de négocier et valider des conditions acceptables par celui-ci pour un éventuel traité de paix (ou armistice) avec l'Allemagne. Le gouvernement décide si nécessaire de s'installer sur Bordeaux afin d'éviter sa capture par l'armée allemande, car cette situation dramatique compliquerait encore plus la position politique de la France. Mais Weygand n'est pas d'accord pour le moment, car le moral des troupes en serait affecté et il craint un mouvement révolutionnaire dans Paris. Ce mouvement entraînerait des troubles en France et les Allemands en profiteraient pour pénétrer sur la totalité du pays. Il préconise que le gouvernement reste à Paris, jusqu'au dernier moment, quitte à courir le risque d'être pris par l'ennemi. Le général Weygand souhaite la lutte jusqu'à la dernière cartouche, mais cela épuiserait les forces vives du pays sans rien résoudre. Il pense qu'il faut sauver l'honneur, mais aussi s'arrêter à temps sans aller jusqu'aux massacres inutiles. Il apprend de nouveau que le retrait des troupes britanniques s'accentue, et ainsi élimine son plan de couper en deux l'armée allemande. Cette nouvelle défection britannique l'oblige à renoncer à tout plan offensif.
Le front désormais sera sur la Somme, mais sans trop d'espoir de réussite vu le manque d'hommes et de matériels nécessaire pour l'arrêt des blindés allemands. L'aviation allemande est maître du ciel et provoque le désastre au sol, autant pour les civils que pour les militaires. Sans cette aviation, les troupes auraient plus de chance de stopper l'armée allemande.

Des avions sont demandés à Winston Churchill. Trente-cinq avions sont envoyés sur le front, mais c'est trop insuffisant. Le gros de l'aviation britannique reste sur son sol (600 avions) et l'aviation française perd plus d'avions que les industries peuvent en produire. La maîtrise est totale pour la Luftwaffe (l'aviation allemande).

Le Maréchal Pétain est mécontent d'une annonce faite dans les journaux annonçant l'éviction et le remplacement de dix généraux, car cette nouvelle ne peut que provoquer un manque de confiance de la population envers son armée. Le Maréchal Pétain confie à Paul Baudouin qu'il n'est pas partisan de poursuivre la lutte à outrance, jusqu'au dernier homme. Toujours selon Paul Baudouin, le Maréchal considère que c'est criminel étant donné les pertes de la dernière Grande Guerre et le faible taux de natalité du pays. Le Maréchal pense qu'il faut sauver une partie de l'armée, car sans une armée groupée autour de quelques chefs pour maintenir l'ordre, une vraie paix ne sera pas possible et la reconstruction de la France n'aura pas de point de départ. Le Maréchal communique à Paul Baudouin, les larmes aux yeux, que c'est une affreuse épreuve pour lui qui est dans sa 85ᵉ année et qu'il n'avait jamais eu qu'un désir, celui de servir son pays jusqu'au bout, d'être obligé de le faire dans ces atroces circonstances lui semble insupportable.

Paul Reynaud revient de Londres. Le gouvernement lui demande s'il a demandé à l'Angleterre sous quelles conditions les Britanniques, libérera la France de sa parole pour négocier la paix avec l'Allemagne. Paul Reynaud indique qu'il n'a pas pu poser la question, Paul Baudouin lui souligne qu'il a eu tort et qu'il n'a pas rempli sa mission (4).

Le 27 mai 1940, une évidence amène le général Weygand à agir de nouveau. Les troupes britanniques toujours dans leur logique de recul vers les ports, mettent en difficulté l'armée belge qui est désormais dans l'obligation de reculer ainsi que l'armée française. Il envoie le général Koelt avec plein pouvoir pour rencontrer le général Gort qui n'a pas confiance face aux décisions et ordres du général Blanchard. Cette mauvaise entente provoque des dysfonctionnements graves pour la bonne exécution du plan Weygand. Le général Blanchard serait remplacé par le général Prioux, pour améliorer l'entente cordiale.
À 18 h 30, une nouvelle va complètement détruire le plan Weygand, l'armée belge a capitulé !
Le gouvernement français adresse un message déplaisant au gouvernement belge.

Le 28 mai 1940, l'annonce de la capitulation de l'armée belge est diffusée sur la radio.

Le 29 mai 1940, du fait de la capitulation belge, l'armée française du nord du général Blanchard recule et elle est en grande difficulté. L'armée britannique qui continue son recul à la mer amplifie aussi la mauvaise posture de l'armée française. Le général Weygand étudie et examine toutes les positions des armées françaises afin de préparer désormais le front de défense sur la Somme. De faibles divisions reconstituées viennent en renfort sur ce front, toutefois Weygand est inquiet (5). Le général Weygand face au gouvernement déclare : « *J'espère résister sur la ligne Somme - Aisne, mais mon devoir est de vous dire que je n'en suis pas sûr. Je dois donc prévoir le malheur, car le malheur peut être irréparable* ». Le gouvernement essaye par tous les moyens de communiquer des informations positives à la population française afin de sauvegarder son moral. Il demande une nouvelle fois au gouvernement britannique deux ou trois divisions, des unités de chars, de l'artillerie antichars et antiaériennes, le concours de l'aviation basée en Angleterre. Vu la situation qui ne tient plus que par l'espoir de la ligne Somme-Aisne, si celle-ci craque, la seule force française qui resterait intacte serait celle de la marine. Le gouvernement évoque une possibilité de réduit breton ou normand afin de résister avec l'assistance de la marine face à l'armée allemande. Ce n'était pas vraiment réaliste, vu la maîtrise totale de la Luftwaffe du ciel de France et de l'impossibilité d'arrêter les blindés allemands dans cette partie du pays.

(4) cette question qui n'a jamais été évoquée aura plus tard des répercussions importantes avec l'Angleterre lors de la signature de l'armistice, car la crainte de Churchill était que la France livre sa marine aux Allemands ce que jamais la France ne fera
(5) la bataille de la Somme où le général de Gaulle combattra au côté de la 2ᵉ D.L.C, 5ᵉ DLC et la 51ᵉ division écossaise du général Fortune.

Le général Weygand considère que cette conception de la conduite de guerre est conforme à son tempérament, mais encore faut-il avoir la possibilité et les moyens pour le faire Le Maréchal Pétain donne son accord à l'étude d'une tête de pont couvrant la Bretagne. Paul Reynaud se réjouit, de voir Pétain et Weygand partisans de la résistance, et il indique à Paul Baudouin, que si l'armée française est complètement battue, qu'il n'est pas opposé à ce que le gouvernement demande la suspension des hostilités.

Le 30 mai 1940, 20 jours après l'attaque allemande, le général Weygand demande toujours des renforts au haut commandement britannique, sans résultats pour le moment malgré l'insistance de Paul Reynaud. Seul l'embarquement des troupes britanniques à Dunkerque préoccupe Churchill et son état-major. Le général Weygand expose techniquement et humainement l'impossibilité du réduit breton à Paul Reynaud. Au matin du 31 mai, l'embarquement à Dunkerque continue, 100 000 Britanniques ont embarqué. Très peu de Français ont pu le faire pour le moment, car ils défendent le port de Dunkerque. Le président du conseil, Paul Reynaud insiste sur le réduit breton, si la ligne Somme-Aisne cédait. Mais le général Weygand déclare que les chances de résistance sur cette ligne lui paraissent sérieuses et que dans le cas contraire il ne voit pas comment avec quelles troupes, il pourrait organiser la défense du réduit breton.

À midi, 165 000 hommes embarquent sur des navires. C'est un grand succès, mentionne Churchill, mais Paul Reynaud précise que seuls 15 000 Français ont été pris sur ces navires et que si cette démarche parvient aux oreilles de la population française, cela pourrait générer une montée de l'anglophobie. Churchill répond à Reynaud qu'il est difficile de fixer par avance les proportions d'embarquements, néanmoins il est d'accord avec Paul Reynaud et ordonne que les troupes françaises soient évacuées en priorité. Actuellement, 4 divisions françaises sur 12 peuvent être évacuées, car elles sont en défense très loin du port afin de garantir justement l'évacuation de Dunkerque. Reynaud demande une nouvelle fois avec insistance à Churchill d'envoyer sur le front vital de la Somme et de l'Aisne toutes les troupes dont il pourra disposer, Churchill répond qu'il ignore tout, des possibilités d'utilisation des divisions britanniques en cours d'évacuation à Dunkerque. Dans les faits, il souhaite garder des troupes afin d'être prêt pour une prochaine et inévitable attaque de l'Angleterre par l'armée allemande. Paul Reynaud insiste sur le fait que l'armée allemande frappera en premier l'armée française et que cette offensive est pour bientôt. Churchill promet qu'il va faire son possible pour aider la France en précisant que son aide ne peut être très conséquent.

Le 1ᵉʳ juin 1940, l'embarquement des troupes à Dunkerque continue et la bataille de la Somme s'organise militairement. Les événements s'accélèrent et un renouveau politique au sein du gouvernement se prépare.

Le 2 juin 1940, 194 000 Britanniques et 22 000 Français sont embarqués. Le gouvernement est déçu de ces chiffres, et est révolté par l'attitude de Churchill. Les escadrilles d'avions de chasse ne sont jamais arrivées pour aider le front sur la Somme et l'Aisne ce qui n'améliore pas les relations entre les deux pays. Une nouvelle correspondance est envoyée afin d'obtenir des forces aériennes et terrestres.

Le 3 juin 1940, le front sur la Somme est pour le moment calme et le général Besson déclare que s'il a plus de main-d'œuvre, des travaux pour stopper les chars peuvent être achevés rapidement. Le gouvernement décide de réquisitionner tous les civils possibles pour accomplir cette tâche. Le général Weygand a ordonné aussi l'abattage d'arbres afin de défendre les lisières des forêts. Des travaux de défense doivent être engagés par la population, il faut voir grand et le temps presse souligne Paul Reynaud.

Pendant ce temps, à Dunkerque 282 000 hommes ont été embarqués, dont 65 000 Français. Ce constat amer apporte la preuve que l'arrière-garde est française et non britannique comme l'avait dit Churchill. Le général Weygand ne manifeste aucune surprise sur ce bilan et il est certain que si les Britanniques le 24 mai ont cessé de marcher en direction d'Arras, c'est qu'ils ont reçu des ordres de Londres dans ce sens. Les relations se tendent avec l'Angleterre.

Le 4 juin 1940, l'embarquement à Dunkerque est terminé. Le général Weygand est sur le terrain avec les troupes disposées sur la Somme.

Le 5 juin 1940, le général Weygand annonce au gouvernement que la bataille s'est engagée sur la ligne Somme-Aisne. Le gouvernement est remanié, on propose au Maréchal Pétain, le ministère des Affaires étrangères. Il refuse en indiquant qu'il n'en a pas les compétences. Churchill annonce à Paul Reynaud que les divisions promises ne sont pas prêtes et que l'aviation britannique sur Dunkerque subit de lourdes pertes. Il n'est plus possible pour l'Angleterre de répondre à la demande de la France. Paul Reynaud est déçu et exprime son mécontentement à Churchill. Des promesses sont émises par Churchill en précisant une possibilité d'arrivée de troupes dans les quinze jours. En fin de journée, un remaniement ministériel intervient afin de faciliter la tâche du gouvernement.

Le 6 juin 1940, Paul Reynaud se bat pour obtenir les renforts britanniques nécessaires et il avertit le général Spears, de l'état-major britannique, que si ces faits sont divulgués à l'opinion publique, une violente vague d'anglophobie se lèverait immédiatement. Churchill promet de nouveau d'envoyer deux divisions dès que possible, et pense ne pouvoir envoyer que deux escadrilles de chasse en France. Churchill indique aussi des problèmes de communication entre les commandements britanniques et français. Weygand conteste ce fait et proteste vigoureusement en précisant qu'il ne peut admettre l'attitude britannique qui veut faire retomber sur le commandement français la responsabilité d'un manque complet de bonne volonté qui doit être cherchée chez les dirigeants britanniques. Le général Weygand est averti que la 51ᵉ division écossaise du général Fortune recule de la Somme vers la Bresle. Cette action le préoccupe. Cette division est en fait sacrifiée par Churchill, car celui-ci connaît déjà l'ampleur du désastre et se prépare à sauver le sol britannique de l'invasion allemande. Il laissera cette division dans le cadre des liens qui unissent l'Angleterre à la France. Si la bataille de la Somme est perdue, continuer la guerre deviendra difficile, car Paris produit 70 % de l'industrie de guerre. L'Angleterre et les États-Unis sont sollicités pour envoyer des armes, toutefois, où trouver un endroit pour résister en France. Le gouvernement évoque plusieurs hypothèses pour la France, le réduit breton, l'Afrique du Nord ou une paix avec des conditions respectables. Chaque solution proposée est soit impossible ou difficile à mettre en œuvre néanmoins une décision, doit être prise si le front de la Somme cède. Chaque personnalité du gouvernement souhaite indubitablement un destin plus favorable à la France.

Le 7 juin 1940, le général de Gaulle est nommé sous-secrétaire d'État au ministère de la Guerre. Le général Weygand se réjouit d'apprendre que 5 à 7 divisions de blindés allemands ont été à peu près contenues sur la Somme. Aucune défaillance n'est constatée, les troupes françaises se battent avec acharnement. Le général félicite ses troupes et espère que si dans huit jours, la résistance continue, une chance importante s'offrira pour contenir totalement l'armée allemande. L'aviation allemande inquiète plus essentiellement Weygand.

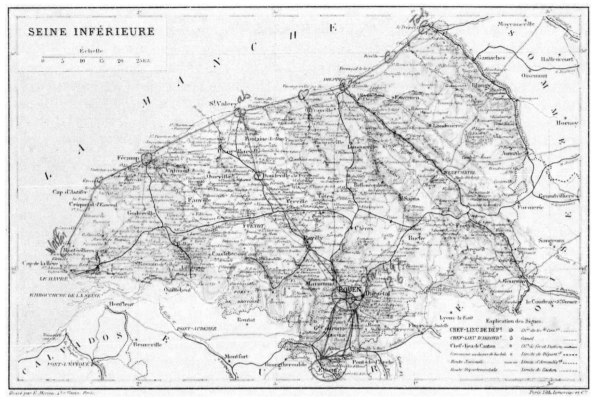

© Collection auteur : carte de la Seine-Inférieure utilisée par les Allemands durant les combats en Normandie de juin 1940.

À 22 h 30, une perturbation est annoncée, deux divisions de blindés ont percé et atteint Forges-les-Eaux, ce qui favorise leur arrivée sur Rouen. De plus, l'armée du général Altmayer a été coupée en deux, séparant la 51ᵉ division écossaise et le 9ᵉ corps d'armée du général Ihler de la 10ᵉ armée. Paul Baudouin est convaincu que la guerre est perdue.

Le 8 juin 1940, le général Weygand indique qu'une plaie béante s'est ouverte dans la 10ᵉ armée du général Altmayer et que l'aviation allemande est dévastatrice. Il est impossible de résister à cette affluence de forces aériennes. La résistance sur la Seine s'impose et il faut organiser la résistance dans le port du Havre. Des divisions du sud parviennent à renforcer le dispositif de défense sur la rive gauche de la Seine. De nouveau, des renforts sont sollicités en Angleterre. On la presse d'accomplir rapidement cette requête.

Le 9 juin 1940, l'armée allemande submerge l'armée française. Il faut abandonner Paris et le Maréchal Pétain considère comme inévitable la nécessité de demander un armistice destiné à arrêter les hostilités. Bien entendu, il faut que les stipulations de l'armistice soient acceptables. Paul Reynaud déclare qu'on ne peut pas faire confiance à Hitler, pour l'obtention d'un armistice honorable. Le général Weygand souligne que la situation militaire ne cesse de s'aggraver. Paul Reynaud et Paul Baudouin estiment désormais que la guerre est perdue. Il faut maintenant poser la question brûlante à l'Angleterre concernant les conditions acceptables pour que l'Angleterre donne son accord à la signature de l'armistice. Cette interrogation que Paul Reynaud n'a pas osé évoquer lors de sa visite à Londres, il est présentement devenu impératif de la poser afin de signer un armistice en accord avec l'Angleterre.

Le 10 juin 1940, le général de Gaulle revient de mission à Londres ou il a rencontré Churchill afin d'obtenir de l'aviation de chasse. C'est un refus catégorique.

La 51e division écossaise du général Victor Fortune et le 9e corps d'armée du général Marcel Ihler sont à Saint-Valery-en-Caux. Il prépare la défense du petit port de pêche afin de permettre comme à Dunkerque, l'embarquement des troupes écossaises et françaises. L'amiral Platon organise l'envoi de navires pour la réussite de cet objectif. Les communications vers Évreux et Caen sont coupées suite aux bombardements intensifs. Tous les ponts de l'Oise ont été détruits ce qui empêche le repli de l'armée du général Frère. Les ponts de Rouen ont été détruits volontairement afin de ralentir les forces blindées allemandes. Les troupes sont fatiguées, le manque de sommeil et le nombre restreint de divisions ne permettent plus de relève ce qui réduit leur pouvoir de résistance. Des combats héroïques se déroulent et un nouveau front est développé sur la basse seine. De jour en jour, la situation évolue négativement pour les troupes françaises malgré le courage et l'héroïsme des hommes qui les composent.

Le général de Gaulle s'exprime, après un exposé de Weygand qui confirme le désastre en cours :
« Si la situation empire, c'est parce que nous la laissons empirer »
Le général Weygand réplique : *« Qu'avez-vous à proposer ? »*.
Le général de Gaulle répond : *« Il ne m'appartient pas de proposer quoi que ce soit »*.

Les relations sont extrêmement tendues entre tous les acteurs du gouvernement face à la prise de décisions importantes pour l'avenir de la France et de sa population. Pour le président du Conseil, il maintient sa position du réduit breton que le général de Gaulle soutient.
Le général Weygand affirme que le réduit breton est irréalisable. Le Maréchal souhaite préserver le destin de la France en évitant la destruction de toutes les armées, car cela serait profitable à l'armée allemande. Les mésententes commencent à apparaître sur la façon de réagir face à la défaite. La situation est grave, chacun pense avoir la meilleure des solutions tout en pensant à l'intérêt de la France et de sa population.

Le 11 juin 1940, la plupart des membres du gouvernement quittent la capitale ainsi que le Président de la République Albert Lebrun. Depuis leur départ, il y a une carence d'information sur la situation militaire. En réalité, le gouvernement n'est au courant de rien, depuis son départ de Paris. Paul Reynaud et le haut commandement sont les seuls à connaître la réalité des combats et de la résistance des troupes françaises. La 51e division écossaise du général Fortune et le 9e corps d'armée du général Ihler opposent une résistance acharnée face aux divisions de blindés et d'infanterie de l'armée allemande.

Le mercredi 12 juin 1940, la 51e division écossaise et le 9e corps d'armée capitulent à 9 heures sur la place de l'hôtel de ville de Saint-Valery-en-Caux, en réponse à un bombardement intensif de l'artillerie allemande sur le petit port durant la nuit du 11 au 12 juin 1940. Le manque de munitions et la percée de la 7e panzer du général Rommel à l'est de la ville obligeront le général Fortune et Ihler à stopper les combats. La décision de stopper les combats n'a pas été commode pour les deux généraux, mais les pertes humaines sont si importantes qu'ils veulent rompre le massacre. Le général Weygand et Paul Reynaud rapporte au gouvernement les dernières informations du combat pour la défense du pays. Ils transmettent que l'armée allemande domine partout, et qu'une défense coordonnée des troupes françaises n'est plus réalisable. Ils ont perdu, la plupart, leur artillerie, due à l'impossibilité de traverser des ponts détruits. Les troupes sont lasses et très fatiguées. Le général assure que l'armée française est épuisée. Les soldats n'arrivent même plus à porter leurs armes. Le général Weygand et tous les autres généraux adhérents à la décision de demander un armistice. Le président du Conseil est contre cette demande d'armistice, car il craint que les conditions du chancelier Hitler soient déshonorantes pour la France. Il préfère que la métropole soit écrasée, et de continuer le combat, à partir des colonies en Afrique du Nord, de l'Algérie, ensuite il verra si la lutte peut être poursuivie.

Le sort de la marine française inquiète particulièrement le gouvernement, il ne faut pas qu'elle tombe aux mains des Allemands. Il faut négocier ce point puisqu'il est hors de question d'offrir les moyens d'atteindre l'Angleterre avec la marine française. Les membres du gouvernement sont partagés entre la demande de l'armistice et la continuation du combat dans les colonies françaises de l'Afrique du Nord. Le gouvernement convient de rencontrer Churchill et d'exposer la demande d'armistice à l'Allemagne. Après l'entretien, une décision doit être prise. Le rendez-vous est fixé à Nantes. Paul Reynaud est obstinément contre l'armistice et le général de Gaulle pour la solution du réduit breton, selon Paul Baudouin.

Le jeudi 13 juin 1940, les prisonniers de guerre sont très nombreux à frapper du pied sur les chemins qui mènent aux camps de prisonniers. Enfin, Paul Reynaud admet que le réduit breton est chimérique et le gouvernement est profondément partagé entre la demande d'armistice et le départ vers l'Algérie. Churchill rencontre Paul Reynaud et son gouvernement. Il donne son approbation pour la signature de l'armistice, mais il souhaite qu'un courrier soit adressé au président des États-Unis afin d'obtenir l'aide de ce pays, pour espérer de continuer le combat sur le sol de France ou de l'Afrique du Nord. Il s'engage aussi à rétablir la France de toute façon dans sa puissance et dans sa grandeur, quelle qu'ait été l'attitude de la France après sa défaite. Le gouvernement espère l'entrée en guerre des États-Unis d'Amérique, ainsi Roosevelt pourrait potentiellement venir en aide à la France et à l'Angleterre. En attendant, la défaite s'accentue et il est inévitable et nécessaire de converger vers une conclusion rapide.

Le 14 juin 1940, Paris est occupée par l'armée allemande.

Le 15 juin 1940, le gouvernement se réunit à Tours pour fixer son choix. Selon Paul Baudouin, il semble cette fois-ci que l'ensemble des membres du gouvernement soit favorable à la capitulation de l'armée de terre et qu'il souhaite que cela soit fait par le général Weygand. Le général Weygand refuse d'obéir à cette décision et déclare que c'est au gouvernement qui a déclaré la guerre, de demander cette capitulation.

Le 16 juin 1940, une réponse des États-Unis promet une large aide matérielle, mais pas d'aide militaire directe à la France. C'est l'échec du gouvernement français. L'Angleterre n'autorise plus la France à signer un armistice. Cette journée est vraiment épouvantable et apporte encore plus vite le fléau de la défaite. L'attitude du gouvernement heurte le maréchal Pétain et il souhaite démissionner. Des hommes, des femmes et des enfants souffrent sur les routes de France, il est temps de trancher, c'est son souhait depuis plusieurs jours. Un ultime face-à-face avec Churchill doit convenir de l'avenir de l'armistice, le maréchal Pétain accepte d'attendre cet entretien avant de quitter le gouvernement. Churchill finalement ne viendra pas. En soirée, le gouvernement se réunit et il est toujours divisé. L'armistice ou la résistance totale est la décision à prendre. Les informations reçues sont terribles et catastrophiques pour l'ensemble du territoire comme celle de la ville de Blois, qui vient d'être bombardée. Le constat est de 200 victimes, déclaré. L'Angleterre souhaite et exige que la France respecte le pacte Franco-Britannique signé le 28 mars par Paul Reynaud. Sans cette exigence, Paul Reynaud aurait peut-être demandé la signature d'un armistice, mais la position ferme du gouvernement britannique l'oblige à respecter sa signature. Paul Reynaud et son gouvernement démissionnent. Le maréchal Pétain devient chef du gouvernement avec l'appui du démissionnaire afin de permettre ce que souhaite la majorité des membres du gouvernement : l'armistice ! Dans la nuit du 16 juin, Paul Baudouin devenu ministre des Affaires étrangères convoque l'ambassadeur d'Espagne afin de négocier avec l'Allemagne, un armistice.
Il convoque aussi les ambassadeurs d'Angleterre et des États-Unis pour les informer de cette démarche politique. Il assure que jamais la France ne livrera sa flotte de navires de guerre à

l'Allemagne. D'ailleurs, il confirme ses dires en précisant que l'amirauté française a pris les dispositions nécessaires pour garantir ce point, sans quoi l'armistice ne sera pas signé.

Le lundi 17 juin 1940, le maréchal Pétain s'adresse au peuple français : « ... *notre pays connaît toutes les misères de l'invasion. Il n'est pas un Français qui ait à subir des sacrifices pour lui, ou, ce qui est plus dur encore, pour des êtres chers. Il n'est pas un Français pourtant qui soit résolu à ce que, dans cette extrême adversité, la France conserve sa dignité, son courage et sa foi dans l'avenir...*

C'est parce qu'il est sûr de cette discipline, sûre de cette résolution, sûre de la volonté d'indépendance du pays, que le gouvernement demeure au milieu de vous pour partager les souffrances de la patrie et remplir la dure mission de demander à l'ennemi, à quelles conditions pourrait être interrompu le carnage de nos enfants. C'est la tête haute et fière de l'héroïsme dépensé sans compter par nos armées, qui ajoute une belle page à notre histoire si riche de gloire, que le gouvernement français accomplit cette tâche. Si l'ennemi a terriblement entamé notre résistance, il n'a pas atteint notre moral. Nous n'avons succombé que sous l'écrasante supériorité de ses effectifs et de son matériel. Voilà pourquoi le gouvernement présidé par le maréchal Pétain a dû demander à l'ennemi quelles seraient ses conditions de paix. Mais il n'a pas pour autant abandonné la lutte ni déposé les armes ».

Leader of Free Frenchmen

GENERAL DE GAULLE has issued a message to the Army of Free Frenchmen in England, of which a translation is here given.

TO ALL FRENCHMEN

France has lost a battle! But France has not lost the war!

A makeshift Government may have capitulated, giving way to panic, forgetting honour, delivering their country into slavery. Yet nothing is lost!

Nothing is lost, because this war is a world war. In the free universe, immense forces have not yet been brought into play. Some day these forces will crush the enemy. On that day France must be present at the victory. She will then regain her liberty and her greatness.

That is my goal, my only goal!

That is why I ask all Frenchmen, wherever they may be, to unite with me in action, in sacrifice and in hope.

Our country is in danger of Death. Let us fight to save it. LONG LIVE FRANCE!

The General has been untiring in his efforts to weld together the new force of Frenchmen eager to fight alongside Britain. On August 3, broadcasting to France and the French Colonial Empire, he questioned whether the French colonies would "consent to be surrendered, starved, put to fire and sword to pander to the terrors which the roaring of Hitler and the barking of Mussolini strike into the hearts of the old men of Vichy." It will be remembered that on July 6 a Court at Toulouse sentenced General de Gaulle

Two French sailors outside General de Gaulle's London headquarters, on the anniversary of the outbreak of the war of 1914–1918, reading his stirring call to all Frenchmen to rally to the cause of freedom and France.

Photo, Associated Press

own choice," General Smuts had told them in his farewell address. "Your children will be proud of you. We South Africans reserve our respect and pride for bitter-enders, for those who go all out; who take their life in their own hands for their country and their people."

© Article paru le 16 août 1940 dans un journal britannique « The war illustrated » qui précise que le général de Gaulle en tant que le leader des Français libres s'est adressé à l'armée des Français libres d'Angleterre.

Le 18 juin 1940, le général Weygand signale que l'armée est complètement disloquée et que c'est la débandade. S'adressant au nouveau gouvernement il dit : *« Nous avons été très coupables en retardant la demande d'armistice »*. L'Angleterre et les États-Unis s'inquiètent toujours de connaître l'avenir de la flotte de guerre française. L'Angleterre demande qu'elle se dirige vers ses ports afin d'être sûre de ne pas tomber aux mains des Allemands. Paul Baudouin, soucieux de maintenir les liens étroits avec ces deux pays, convoque pour la deuxième fois l'ambassadeur d'Angleterre pour lui réitérer que la France ne livrera jamais la flotte aux Allemands. Le gouvernement français désire conserver sa flotte qui est à la fois le symbole et la garantie de son empire colonial. Elle assure la défense de ses colonies et plus tard pourra servir à agir envers son occupant. Le général de Gaulle est à Londres et il adresse un message radiodiffusé sur la BBC.

Le 19 juin 1940, le gouvernement allemand est prêt à faire connaître ses conditions de cessation des hostilités. Les troupes allemandes continuent malgré tout d'avancer en France et le gouvernement français étudie le départ du président de la République ainsi que d'autres ministres vers l'Algérie.

Le 20 juin 1940, le port de Bordeaux est occupé par des torpilleurs afin de garantir un départ de certains membres du gouvernement en Algérie. Le maréchal Pétain, le général Weygand et Paul Baudouin y sont opposés et sont prêt à être fait prisonniers par les Allemands.
Cette noble démarche afin de rester sur le sol de France auprès de son peuple pour ne pas l'abandonner. Cette décision de partir ou de rester divise encore une fois le gouvernement. Le général Huntziger est nommé pour la négociation de l'armistice. Le maréchal Pétain et le général Weygand donnent leurs instructions afin d'être clairs. Ces instructions définissent les points ou les négociations seraient rompues.

La France demande au gouvernement allemand l'arrêt de ses troupes pour qu'elle puisse étudier ses conditions d'armistice. Si l'Allemagne exige la remise totale ou partielle de la flotte, ou l'occupation totale de la métropole ou l'occupation d'une partie quelconque de l'empire colonial, l'armistice dans ces conditions serait inacceptable ! Les négociations doivent débuter dans la soirée. À Bordeaux, le président de la République et des ministres souhaitent s'embarquer sur le navire « MASSILIA » à destination de Casablanca. Le maréchal Pétain ordonne qu'aucun ministre de son gouvernement ne quitte le sol français. Une zone neutre est sollicitée au gouvernement allemand afin de garantir la liberté des membres du gouvernement français ce qui assurerait la possibilité d'étudier les conditions d'armistice dans la sérénité.

Le 21 juin 1940, les premières informations des négociations de l'armistice arrivent. Le général Huntziger par téléphone dit que les conditions sont dures, mais elles ne contiennent rien de contraire à l'honneur. Ces conditions sont au nombre de 24 articles, mais aucun ne demande la livraison de la flotte ou des colonies. Le gouvernement allemand exige la réponse du gouvernement français, le lendemain matin. En 1918, l'Allemagne avait eu 72 heures pour signer. Le gouvernement examine les 24 articles toute la nuit.

Le 22 juin 1940, en début de matinée, le général Huntziger transmet les remarques au gouvernement allemand. Le gouvernement français demande que Paris ne soit pas occupée, que la flotte de guerre soit basée dans les ports français de l'Afrique et aussi l'arrêt des unités allemandes en direction de Bordeaux. Le gouvernement étudie malgré tout, les possibilités de résistance en Afrique du Nord. Le général Weygand affirme que l'armement détenu en Afrique n'est pas apte face à la puissance de feu de l'armée allemande. En début d'après-midi, le gouvernement allemand répond. Pour Paris, il refuse ! Pour la flotte, il ne s'y oppose pas.

In London Hope Yet Flamed for France on July 14

The great French national festival of Quatorze Juillet did not pass unnoticed by French soldiers in Britain who are still determined to carry on the fight, but the occasion was one of solemn resolve rather than martial pageantry. The chief incident of the day was the laying of a wreath on the Cenotaph in Whitehall. The guard of honour seen here, which General de Gaulle inspected, was typical of the best of the French fighting forces.

JULY 14 has for 150 years been France's great festival of freedom, for on that day in 1789 the Bastille, great fortress-prison of Paris, symbol of the despotic power that had reduced the French people to virtual slavery, was stormed and its prisoners released. The site is now marked by a bronze column surmounted by a figure of Liberty. Formerly the anniversary was celebrated by a great military parade on the Champs-Elysées. This year it was only the Frenchmen in Britain who could commemorate the day as free people.

General de Gaulle, as he laid the wreath on the Cenotaph in London, was watched with sorrow but also with hope by many French spectators. He placed a wreath also on the plinth of the statue of Marshal Foch at Victoria (left).

In former years the supreme moment of the great military parade that commemorated July 14 in Paris was at the Arc de Triomphe, where the salute was taken. This year only Nazi transport rumbled past the spot. Right, is a French soldier with Bren gun at the Cenotaph ceremony in London. *Photos, Topical, Planet News, G.P.U. and Keystone*

© Collection auteur : article paru dans le journal britannique du 26 juillet 1940, le général de Gaulle célébrant le 14 juillet et déposant une gerbe devant la statue du maréchal Foch à Londres.

Pour Bordeaux, ils sont d'accord à condition que l'armistice soit signé. Le gouvernement français composé de 11 ministres et en l'absence du président de la République accepte ces conditions.

Le 23 juin 1940 à 18 h 52, l'armistice est signé à Rethondes dans le même wagon qu'en 1918, afin d'humilier la France. C'est la volonté du dictateur Adolf Hitler.
L'occupation du sol de France par l'armée allemande débute…
L'alliance entre Churchill et le général de Gaulle débute et c'est le commencement d'une autre histoire…

Le 26 juillet 1940, le général de Gaulle commémore le 14 juillet, à Londres.
C'est le début de l'histoire de la résistance française…

© Collection auteur : extrait du journal d'Alsace du 7 janvier 1945.

Chapitre 2

La 2e et 5e Division Légère de Cavalerie

Les deux divisions légères de cavalerie, la 2e et la 5e sont commandées par deux généraux d'expérience et ils vont subir durant 1 mois, l'attaque des troupes allemandes dans trois départements : Les Ardennes, la Somme et la Seine-Inférieure en Pays de Caux.

Qui sont ces deux généraux et leurs soldats ?

Le général André Berniquet de la 2e division légère de cavalerie est un de ceux dont le sang a coulé pour la France, à Saint-Valery-en-Caux.

Le général André Berniquet [1878-1940]

©Famille Berniquet : photographie du général André Berniquet

Le général André Berniquet est né le 11 mai 1878 à Guise (Aisne). Il fait une partie de ses études au lycée de Bordeaux, où son père exerce les fonctions de préfet de la Gironde :

« Malgré un peu de raideur et de timidité apparentes, dit un camarade, André Berniquet était alors apprécié de nous tous pour son intelligence précise et la sûreté de son caractère ».

Entré à l'École spéciale militaire de Saint-Cyr le 28 octobre 1896, il est nommé sous-lieutenant le 1er octobre 1898 et affecté au 7e régiment de dragons.

Après avoir suivi pendant un an les cours de l'École de cavalerie de Saumur, il est promu lieutenant le 1er octobre 1900 et affecté comme chef de peloton au 9e régiment de dragons.

Le 26 décembre 1908, il est nommé instructeur d'exercices militaires à l'École d'application de cavalerie ; il y est promu capitaine le 25 septembre 1909.

Affecté au 25e régiment de dragons le 4 juin 1912, il reçoit le commandement du 4e escadron.

©Famille Berniquet : sous-lieutenant Berniquet au 7e régiment de dragons

Mobilisé à la tête de cette unité le 2 août 1914, il prend part à toutes les opérations de la 9e division de cavalerie. Il se distingue le 20 août lors de la reconnaissance offensive sur Neufchâteau, et les 1 et 2 novembre 1914 où, pendant deux jours, il soutient et appuie l'infanterie en avant de Saint-Éloi. Nommé capitaine adjoint au colonel le 25 janvier 1915, il passe à l'état-major de la 9e division de cavalerie le 16 septembre 1915.

Le 9 mai 1916, il est cité à l'ordre de la 9e division de cavalerie : *« Durant 21 mois, et en toutes circonstances, il a donné des preuves d'intelligence de situation, de coup d'œil, de bravoure et de méthode comme capitaine commandant au 25e régiment de dragons. S'est distingué aux combats du 20 août, 1er et 2 novembre 1914. Comme chef de bureau à l'état-major, de la division a rendu les plus éminents services dans le secteur tenu par la division en organisant le ravitaillement et en exécutant des liaisons dangereuses. »*

Passé au 2e régiment léger le 1er juin 1916, il est promu chef d'escadrons le 24 juin 1916 et affecté au 11e régiment de dragons le 1er juillet 1916. Blessé à l'oreille gauche le 20 septembre 1916 aux tranchées de Nieuport, il passe au 12e régiment de dragons le 19 mars 1917. Il est fait chevalier de la Légion d'honneur le 1er avril 1917 pour le motif suivant :
« Officier plein d'entrain et de courage. Il a fait preuve, aussi bien comme officier de troupe que dans le service d'état-major, des plus brillantes qualités militaires (a déjà été cité). »

Le 31 mai 1918, il est mis à la disposition du ministre de la Guerre et détaché à la direction de la cavalerie. Dans ce poste, il est classé au 2e régiment de cuirassiers puis au 12e régiment de cuirassiers.

En 1920, il est veuf de Marie Brunet qui lui avait donné quatre filles.

Promu lieutenant-colonel le 23 septembre 1921, il rejoint en qualité de commandant en second le 12ᵉ régiment de cuirassiers.

Le 25 mars 1926, il passe au 19ᵉ régiment de dragons dont il exerce le commandement ; il y est promu colonel le 25 juin 1928 et fait officier de la Légion d'honneur le 25 décembre 1929 avec 32 ans de services, 7 campagnes, 1 blessure. Il suit le cycle d'information des colonels à Versailles du 29 octobre au 24 novembre 1928.

Le 25 septembre 1929, il est classé pour ordre au 11ᵉ régiment de cuirassiers. Après avoir suivi les cours du centre d'études tactiques d'artillerie à Metz du 26 septembre au 31 octobre, le cycle d'information des colonels à Versailles du 5 au 24 décembre 1929, il participe aux travaux du Centre des hautes études militaires du 6 janvier au 28 juin 1930.

©Famille Berniquet : le général André Berniquet

Le 12 janvier 1931, il reçoit le commandement des unités motorisées de la 3ᵉ division de cavalerie. Il est en stage à l'école d'application de l'infanterie et des chars de combat à Versailles du 7 avril au 11 avril 1931, au cours pratique de tir de l'infanterie et des chars de combat du 13 au 28 avril, et collabore à l'exercice de cadres de l'inspection de la cavalerie du 6 au 10 mai. Passé à la tête de la 3ᵉ brigade de cavalerie le 11 juillet 1931, il est promu général de brigade le 20 mars 1933.

Le 20 février 1934, il devient le commandant de la 2ᵉ brigade de cavalerie, à Lunéville. Le 1er octobre 1936, il reçoit le commandement de la 2ᵉ division de cavalerie ; promu général de division le 18 septembre 1937, il est maintenu dans ses fonctions.

Le 2 septembre 1939, il est mobilisé à la tête de sa division qui, après réorganisation, prend la dénomination de 2ᵉ division légère de cavalerie [DLC] le 5 mars 1940. Atteint par la limite d'âge, il doit être placé dans la section de réserve le 11 mai 1940 ; mais, compte tenu de la situation après l'engagement la veille des armées allemandes en Belgique, il est maintenu provisoirement dans ses fonctions. C'est ainsi que le 10 mai 1940, le général Berniquet et sa division se retrouve dans l'opération « Dyle » ordonnée par le général Gamelin.

Sa division est composée des unités suivantes dont le chef d'état-major est le lieutenant-colonel Lejay :
– La 3e brigade de cavalerie du général de Contenson
– Le 5ᵉ régiment de cuirassiers du lieutenant-colonel de Roubin
– Le 18ᵉ régiment de chasseurs du colonel Delpit
– La 12ᵉ brigade légère mécanique du général Paul Gastey
– Le 3ᵉ régiment de dragons portés du lieutenant-colonel de Reboul
– Le 2ᵉ régiment d'automitrailleuses du commandant Michet de Varine-Bohan
– Le 73ᵉ régiment d'artillerie du lieutenant-colonel Lafon de Ladegat
– La compagnie du génie [1/48] du capitaine Arnoux

Le général Marie-Jacques-Henri Chanoine [1882-1944]

©Collection NARA : à droite, le général Chanoine avec son sabre qu'il présenta à Rommel au moment de la reddition à Saint-Valery-en-Caux, le 12 juin 1940 au matin.

Le général Marie-Jacques-Henri Chanoine est né le 7 février 1882 à Tours (Indre-et-Loire).

Le 10 mai 1937, il reçoit le commandement du 3e groupement régional de cavalerie à Compiègne.

Le 23 septembre 1938, il est nommé général de brigade et maintenu dans son commandement dans lequel il réussit pleinement. Placé en réserve de commandement aux armées le 2 septembre 1939, il est nommé commandant de la zone d'étapes de Meaux, le 16 septembre, en attendant de recevoir le commandement d'une division de cavalerie.

Le mercredi 17 janvier 1940, il est placé à la tête de la 5e division légère transformée en mars en 5e division légère de cavalerie (5e DLC).

Le vendredi 10 mai 1940, le général Chanoine et sa division sont intégrés dans l'opération « Dyle ».

Sa division est constituée des unités françaises suivantes :

La 15e brigade légère mécanique par le colonel Evain

Le 15e régiment de dragons portés par le lieutenant-colonel Chaumont-Morlière

Le 5e régiment d'automitrailleuses par le lieutenant-colonel de Woillemont

Le 78e régiment d'artillerie par le lieutenant-colonel Mailfert

La compagnie du génie 34/1 par le capitaine Lopin

La 6e brigade de cavalerie sous le commandement du général Émile-Louis-Gabriel Brown de Colstoun est composée des régiments suivants :

Le 12e régiment de chasseurs, sous le commandement du colonel Lesné

Le 11e régiment de cuirassiers, sous le commandement du colonel Labouche

©Collection privée : général Brown de Colstoun

La bataille dans les Ardennes

Le vendredi 10 mai 1940, la 2e division légère de cavalerie du général Berniquet et la 5e division légère de cavalerie du général Chanoine sont rattachées à la 2e armée du général Huntziger.

Le plan du général Huntziger consiste à couvrir la zone du cours de la Meuse dans la région de Sedan et celui de la Chiers, vers Carignan, Montmédy et Longuyon.

Les deux divisions sont prévues dans l'opération « Dyle » qui consiste à rentrer en Belgique et défendre ce pays face à une invasion des forces armées allemandes.

La 5e DLC est positionnée dans la région de Sedan et la 2e DLC dans la région de Montmédy.

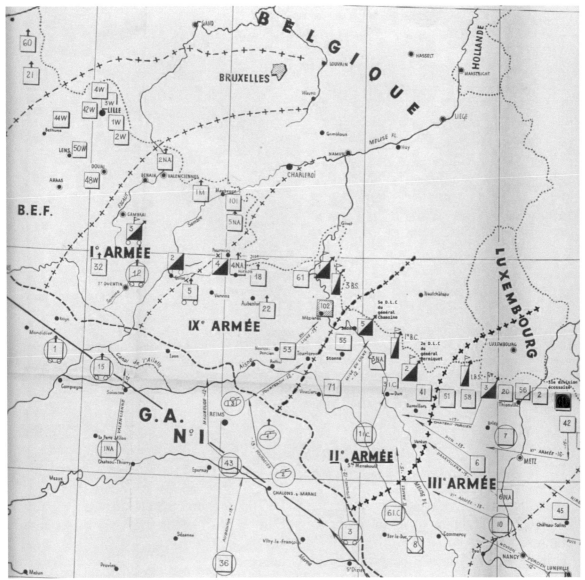

©Carte de la position des armées françaises et britanniques entre le 12 mai et le 18 mai 1940. Et plus particulièrement celle de la 2e armée du général Huntziger avec la 2e et 5e DLC, notons la position de la 51e division écossaise intégrée dans la 3e armée française.

D'autres unités de la 2ᵉ armée participent aussi à ce plan d'attaque validée par le général Gamelin.

Le vendredi 10 mai 1940 à 5 h 20, l'ordre est donné de la mettre en action.

La 5ᵉ DLC doit opérer dans la clairière de Bastogne-Libramont-Neufchâteau en Belgique et la 2ᵉ DLC dans les clairières d'Arlon-Florenville et Arlon-Virton à la frontière belge

Pour la 5ᵉ DLC, une unité composée de 4 détachements de reconnaissance constitués d'automitrailleuses, de chars et de motos progresse sans incident jusqu'à 13 heures.

Sur la ligne Houffalize-Bastogne, l'armée allemande est présente.

Le gros de la division quitte la Semoy à 10 h 30, et atteint vers 18 h la Ligne Libramont-Neufchâteau abandonnée par les Belges, mais tenue depuis par deux détachements de reconnaissance. Le dispositif prévu par le général Chanoine est conforme, comme espéré, mais des difficultés de coordination avec d'autres unités françaises sont mises en exergue.

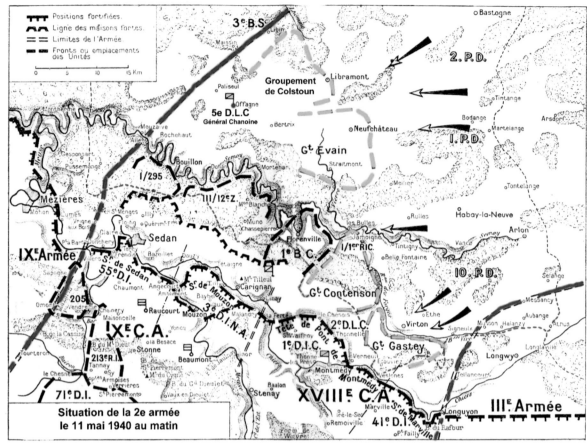

©Carte de la 2e armée française avec les positions de la 5e DLC et de la 2e DLC, le 11 mai 1940

Le plan d'installation des régiments de la 5e DLC en fin de journée est le suivant :
Dans la région de Libramont, les unités du général Brown de Colstoun sont en position, en voici sa composition :
– 12e régiment de chasseurs à cheval du colonel Lesne
– Le groupement de reconnaissance de la 55e division d'infanterie du colonel Mallet
– Un bataillon de dragons portés
– Un groupe de canons de 75 mm.

Dans la région de Neufchâteau, les unités du colonel Evain sont aussi en position de combat :
– 11e régiment de cuirassiers du colonel Labouche
– Le groupement de reconnaissance de la 71e division d'infanterie du colonel du Passage :
– Un bataillon de dragons portés
– Un groupe de canons de 105 mm

Dans la région Nord-Ouest de Bertrix et Offagne, des unités sont en réserve :
– Un groupe de reconnaissance du 10e corps du colonel Crémière constitué de deux pelotons de chars Hotchkiss, d'un peloton d'automitrailleuses et deux pelotons de moto. Le poste de commandement du général Chanoine est à Offagne.

La 2e DLC atteint la Haute-Semoy avec ses détachements de reconnaissance ainsi qu'Arlon. Le contact avec l'ennemi est engagé avec de violents combats vers 9 heures à l'est d'Habay-la-Neuve et vers 10 heures à Vance. Arlon est tenu jusqu'à 16 h 30.
Le gros de la division atteint vers 11 heures la voie ferrée à proximité de Mellier, Rulles, Ethe et la vire vers Signeulx (à 10 km au sud-est de Neufchâteau).

Ils sont articulés de la façon suivante :
De Mellier à Tintigny, les unités du général de Contenson :
– 5e régiment de cuirassiers du colonel de Roubin
– 18e régiment de chasseurs du colonel Delpit
– Groupement de reconnaissance du XVIIIe Corps du colonel Abrial et de la 3e D.I.C du commandant de Saint-Sernin
– Un groupe d'artillerie.

D'Ethe à Signeulx, les unités du général Gastey :
– 3e régiment de dragons portés du colonel de Reboul
– 2e régiment d'automitrailleuses du commandant de Varine
– Groupe de reconnaissance de la 41e division d'infanterie du capitaine Serieyx
– Un groupe de canons de 105 mm
– En réserve un escadron de chars Hotchkiss

Le poste de commandement du général Berniquet est basé à Montmédy. Vers 17 heures, l'armée allemande progresse en force dans la clairière d'Arlon-Florenville.

Les moyens mis en œuvre par l'armée allemande face à la 2e armée du général Huntziger sont très importants. Il y a 3 divisions de panzers dirigées par le général Guderian. La première division de panzers est commandée par le général Kirchner, la deuxième division de panzers par le général Veiel et la dixième division de panzers par le général Schaal.

©Collection NARA : panzer IV

Ces trois divisions sont composées chacune, de 274 chars et 32 chars de commandements.

Chaque division de panzers est forte de deux régiments de blindés, à deux bataillons, de deux régiments d'infanterie motorisée, d'un bataillon de motocyclistes, d'un groupe de reconnaissance motorisé, d'un régiment d'artillerie, constitué de trois groupes de canons de 105 et un de 150, d'un bataillon de pionniers, d'un bataillon de transmissions, d'un bataillon antichar, d'une compagnie de canons antiaériens (Flack), et d'une escadrille de reconnaissance.

Ces forces militaires allemandes attaquent le 5ᵉ régiment de cuirassiers à Tintigny et le rejettent sur Jamoigne. Une contre-attaque est heureusement engagée sur Vance et soulage le régiment. La situation est néanmoins critique, car les éléments qui tiennent la clairière de Florenville sont confrontés à un engagement de nombreux blindés allemands. Le général Berniquet obtient du général Huntziger l'autorisation de se replier sur la ligne Jamoigne, Bellefontaine, Ruisseau des Forges, basse Vire, de façon à profiter de l'étranglement du couloir à hauteur de Jamoigne. Au début d'après-midi, le général Huntziger se rend dans tous les PC et prend la décision de renforcer la 2e D.L.C, et du fait de son repli, on demande à la 5ᵉ D.L.C, de décrocher sur la Vierre.

Entre le 10 et le 13 mai la 2ᵉ DLC perd 14 officiers et 480 hommes. Les ordres du général Huntziger sont d'appliquer le dispositif suivant, au matin du 11 mai 1940, par la 5ᵉ DLC et la 2ᵉ DLC :

- La 5ᵉ DLC se positionne sur un front de l'homme, Libramont, Neufchâteau, la Vierre, jusqu'à Straimont, barrant la direction Bastogne, Bouillon.

- La 2ᵉ DLC se positionne sur un front de Jamoigne, Ruisseau des Forges, basse Vire, barrant les directions de Jamoigne, Florenville, Virton et Montmédy.

Ce dispositif n'aura pas le temps d'être mis en place.

Le 11 mai 1940, débute par une attaque brutale de la 1re division de panzers, du général allemand Kirchner sur la Semoy, vers la ville de Bouillon. Cette région est défendue par la 5ᵉ DLC du général Chanoine. Dès l'aube, les avant-gardes allemandes poussent sur Neufchâteau, accompagnées de tanks et de l'aviation. La 15ᵉ brigade légère de mécanique du colonel Evain subit cette attaque et elle est dans l'obligation de se replier sur la Vierre.

Le général Chanoine prescrit le repli sur la Semoy. À Gauche, dans la région de Libramont, le général de Colstoun est également l'objet d'une grosse attaque dès 8 heures. Il résiste, mais est très menacé par le repli de son voisin de droite. Un recul s'impose aussi sur la Semoy. La manœuvre est très compliquée, car l'attaque est de plus en plus agressive et l'ennemi essaye de forcer les ponts de Bouillon et de Rochehaut. La 2ᵉ DLC a été la moins éprouvée en ce 11 mai du fait que la 10e division de panzers commandée par le général Schaal ne maintiendra pas son effort de la veille face à la division française. La 2ᵉ DLC est encore capable d'un gros effort de résistance, mais le général Huntziger ne s'illusionne pas sur la solidité que présente la 5ᵉ DLC très éprouvée, étirée sur un front de 30 kilomètres.

Au lever du jour du 12 mai 1940, l'ennemi reprend son attaque sur la région défendue par la 5ᵉ DLC, la division se bat sans faiblir à Alle et Mortehan. Un incident tactique survient à la gauche de la division qui implique une nouvelle manœuvre. La 3ᵉ brigade de spahis devant l'attaque des blindés allemands s'est repliée sur la Meuse. Le front espéré sur la Semoy est désormais impossible et l'ordre de repli est ordonné à la 5ᵉ DLC.
À 14 heures, la division se replie sur Sedan et résiste jusqu'à 16 heures avant de traverser la Meuse entre 17 et 18 heures. Tout au long du repli, l'artillerie arrose les forces allemandes qui subissent des pertes considérables.

Le lundi 13 mai 1940, la 2ᵉ DLC se regroupe dans la région de Nouart, face au nord afin de colmater la brèche ouverte des forces allemandes dans la région de Sedan.
Du 14 mai au 18 mai, la division est étroitement au contact de l'ennemi dans les bois de Sommauthe-Saint-Pierremont.

51E RÉGIMENT D'INFANTERIE 1940

EFFECTIFS 3000 HOMMES

COMBATS DE STONNE — MONT DIEU — TANNAY

475 TUES — 805 BLESSES — 110 DISPARUS

ILS ONT AJOUTE STONNE A LEUR DRAPEAU

PASSANTS, SOUVENEZ VOUS

EN HOMMAGE AUX HEROIQUES COMBATTANTS DU 67ÈME R.I.

STONNE
14 MAI
25 MAI 1940

EN SOUVENIR
DU SACRIFICE HEROIQUE
DE LA
3e DIVISION D'INFANTERIE MOTORISEE
ET DE LA
3e DIVISION CUIRASSEE
QUI
DU 14 AU 25 MAI 1940
SUR LA LIGNE
STONNE – MONT DIEU
BRISERENT LA RUEE ALLEMANDE

© Photographies de l'auteur des plaques commémoratives de la bataille à Stonne (Ardennes).

Elle ne peut en déboucher et y subit encore des pertes sensibles notamment du fait de nombreux bombardements aériens auxquels elle ne peut opposer que sa seule et bien faible défense organique contre avions. À noter que depuis le 14 mai la division ne dispose plus de ses forces aériennes.

Du 18 mai au 22 mai, la division est relevée par d'autres grandes unités, elle organise une position de barrage en arrière de celles-ci tout en coopérant à plusieurs des opérations locales qu'elles exécutent. Elle a encore à souffrir du fait de l'aviation et de l'artillerie adverses. La division est relevée le 22 mai et est appelée en toute hâte sur un autre front. La résistance des régiments constituants la 2e armée du général Huntziger continue avec la bataille dans le village de Stonne, où le général Gastey prend part avec des éléments de sa 12e brigade motorisée.

©Collection NARA : canon de 155 mm français

29

La bataille de la Somme

Le mercredi 22 mai 1940, la 2ᵉ DLC du général Berniquet combat toujours avec acharnement dans les Ardennes et les pertes en hommes sont très sévères, 14 officiers et 480 hommes sont tués. Elle reçoit l'ordre de rejoindre le département de la Somme. Ses brigades automobiles prennent la route, le 23 mai au matin. Elles sont le 24 mai, au nord de Gisors, ayant parcouru 380 km, en 28 heures.

Le jeudi 23 mai 1940, la 51e division écossaise, commandée par le général Victor Fortune reçoit l'ordre de rejoindre la 2ᵉ armée du général Huntziger, mais le train qui doit ramener les troupes écossaises est détourné vers la Normandie.

Le général Victor Fortune est en colère et en fait part au général Huntziger qui ne peut rien faire. Elle est détournée en Normandie par le train jusqu'à Rouen pour la 153e et 154e brigade et par camion pour la 152e brigade jusqu'à Gisors. Ce même jour, la 5ᵉ DLC du général Chanoine, après avoir perdu 20 % de ses effectifs, c'est-à-dire 30 officiers et 960 hommes et 50 % de son matériel blindé, reçoit l'ordre de se porter dans la région de Senlis, à plus de 200 km : en une étape pour les motorisés, 3 ou 4 pour les cavaliers.

Les motorisés cantonnent le soir même dans la forêt d'Halatte, au nord de Senlis. Ils reçoivent leur mission : gagner au plus tôt la Somme, aux trois ponts qui la franchissent entre Abbeville et la mer, en ratissant, depuis la Bresle, la plaine où circulent des patrouilles ennemies. Les automitrailleuses et les dragons de la 15ᵉ brigade du colonel Evain repartent à la fin du jour.

Elle atteint la Bresle au petit matin en ayant pris la route par Saint-Germer, Gournay et Formerie. Le gros de la brigade campe dans la forêt d'Eu. Sur la rivière, de Blangy au Tréport, les dragons encadrent les éléments épars qu'ils y trouvent.

©Photographie de l'auteur : char B1 bis, à côté du monument en mémoire des régiments qui ont combattu à Stonne.

Trois détachements très légers, d'automitrailleuses sont poussés vers le nord ; ils refoulent, parmi les civils qui fuient, de petits groupes de soldats allemands qui « venaient voir ». Les automitrailleuses et les dragons de la 5ᵉ DLC ont dû s'arrêter le 26 mai devant les postes plus nombreux et plus résistants. Pas question de simple nettoyage, mais d'une opération à entreprendre avec d'autres forces. Une rotation de camions accélère l'arrivée sur la Bresle des cavaliers de la 6e brigade de cavalerie du général Brown de Colstoun : le 11ᵉ régiment de cuirassiers et le 12ᵉ régiment de chasseurs. Les Cuirassiers, aux ordres du colonel Labouche, renforcent la défense entre la ville
d'Eu et le Tréport. Des éléments repartent immédiatement à la découverte et, la nuit même, ils trouvent le contact avec les forces ennemies qui tiennent la tête de pont d'Abbeville. Quant à la 2ᵉ division légère de cavalerie du général Berniquet, elle a reçu la mission de défendre la Somme entre Longpré-les-Corps-Saints, à l'embouchure de la rivière d'Airaines, et Liercourt.

Dans la soirée du 26 mai, le 3ᵉ régiment de dragons portés du lieutenant-colonel de Reboul tente un coup de main contre Pont-Rémy, au-delà de la rivière. Le régiment est dans l'obligation de se replier pour donner suite à la réaction allemande très violente, avec des tirs incessants d'obus à coups de canon de 88 mm.

Au matin du 27 mai, la 2ᵉ DLC et une brigade de chars légers britanniques exécutent une tentative de réduction de la tête de pont ennemie au sud d'Abbeville. Les pertes britanniques sont importantes et le résultat escompté n'est pas au rendez-vous.

Le lundi 27 mai 1940, la situation militaire étant désespérée, les forces stationnées sur la ligne Maginot sont progressivement retirées et expédiées vers le front de la Somme.

© Collection privée : cavaliers du 11ᵉ régiment de cuirassiers du colonel Georges Labouche

©Photographie de l'auteur : plaque rappelant les faits de la bataille de Stonne.

©Collection privée : le général Fortune et ses hommes de la 51ᵉ division écossaise qui prennent le train.

Le 9ᵉ corps d'armée stationné sur la ligne Maginot depuis septembre 1939 vient renforcer le dispositif avec les unités déjà présentes. Ce corps d'armée est commandé par le général Marcel Ihler et un remaniement de ce corps d'armée sera opéré un peu plus tard. Une contre-attaque est mise en œuvre avec le 3ᵉ régiment de dragons portés, qui réussit a progressé avec une avance de sept kilomètres et il s'installe sur cette nouvelle ligne.

Le mardi 28 mai 1940, cette ligne sert de base de départ au colonel de Gaulle et sa 4e division de chars. Il reprend l'opération initialement confiée à la division du général Berniquet. Du 28 au 30 mai, la 2ᵉ DLC appuie par son artillerie et d'autres unités de couverture, la division de cuirassés du colonel de Gaulle. Toutes ses actions amènent des pertes à la 12e brigade légère motorisée du général Gastey. Le 28 mai, la 51ᵉ Highland Division, division écossaise, arrive sur les hauteurs de la Bresle, dans la forêt d'Eu et le 30 mai, la 51ᵉ Highland Division, est intégrée dans le dispositif de défense de la Somme élaboré par le général Weygand.

Le samedi 1ᵉʳ juin 1940, les trois divisions franco-britanniques, la 2ᵉ D.L.C, la 5ᵉ DLC et la 51ᵉ Highland Division sont associées à une défense de la Somme face aux forces allemandes.

Du 2 juin au 5 juin 1940, la 2ᵉ DLC organise de son mieux son secteur avec ses faibles moyens. Des bruits de relève circulent et les cadres les acceptent volontiers, du fait de signes de fatigue intense, d'autant plus que le matériel aurait besoin de maintenance. En revanche, le moral de la division est plus haut que jamais et sa confiance sans bornes.

L'attaque des troupes allemandes du 5 juin trouve donc la 2ᵉ DLC sérieusement diminuée en moyens, très amenuisée en effectifs, mais en excellente forme. La 51ᵉ Highland Division renforce la 2ᵉ DLC sur sa gauche à Bailleul et au camp de César. La 5ᵉ division d'infanterie coloniale consolide la 2ᵉ DLC au Sud, près de Longpré-les-Corps-Saints.

La 2ᵉ DLC combattra le 5 juin en liaison avec des unités de ces deux divisions. Vers 4 heures, sur les arrières de la position, commence un violent bombardement aérien. À 6 heures, le 3ᵉ régiment de dragons portés est testé sur tout son front par des patrouilles ennemies.

Plus à l'est, des actions plus violentes semblent avoir lieu, à Longpré notamment. Peu à peu, l'attaque se précise, des unités d'infanterie déjà appuyées par des chars débouchent par tous les passages de la Somme. Le 3ᵉ régiment de dragons portés tient avec ses six escadrons (moins de 600 combattants présents) sur un front de dix kilomètres. Il n'a pu établir de points d'appui et les lieux des combats face à l'ennemi sont discontinus. Les uns tiennent leur position sur le versant-sud, de la vallée de la Somme, tandis que d'autres assurent la défense des villages plus en arrière (Grandsart, Wanel, Sorel).

L'artillerie est toujours réduite au groupe de canons de 75 qui entre immédiatement en action sur les passages de la Somme, et avec une efficacité sur des forces importantes qui descendent en direction du nord de la rivière. Dès les premiers indices d'attaque ennemie, le général Berniquet remet à la disposition de la 12ᵉ brigade légère mécanique l'ensemble du 2ᵉ régiment d'automitrailleuses.

Il demande au général Ihler de récupérer la 3ᵉ division de cavalerie. Celui-ci fait droit à cette demande et met, en outre, à la disposition de la division, d'abord un bataillon, puis l'ensemble du 22ᵉ régiment d'infanterie coloniale (de la 5e division d'infanterie coloniale).

La 3ᵉ brigade de cavalerie reçoit l'ordre vers 8 heures et accourt à la rescousse ; mais elle doit parcourir une distance d'une trentaine de kilomètres et ne pourra donc être engagée que dans l'après-midi.

Cependant, le 3ᵉ régiment de dragons portés, renforcé bientôt par les motocyclistes du 2ᵉ régiment d'automitrailleuses, soutient un dur combat contre une infanterie qui, bien appuyée par l'artillerie et les stukas, s'infiltre entre nos points d'appui de première ligne.

Les soldats du 3ᵉ régiment de dragons et motocyclistes résistent magnifiquement, mais ils sont peu à peu débordés par l'ennemi malgré de multiples actes d'héroïsme.
Le général Gastey, commandant la 12ᵉ brigade légère mécanique, ordonne une contre-attaque des blindés du 2e régiment d'automitrailleuses, une contre-attaque menée d'Alery et fonçant parallèlement à la Somme prendrait ainsi de côté l'infanterie ennemie. Les premiers éléments se heurtent à un nouvel adversaire et sont aussitôt détruits pour la plupart. En effet, dès que l'infanterie allemande a atteint les plateaux au sud de la Somme, d'importantes forces blindées débouchent et s'engagent. La résistance refoulée doit être reportée sur la ligne Hallencourt — Wanel.

Cette ligne va être peu à peu soutenue par le 22ᵉ régiment d'infanterie coloniale et le 3ᵉ régiment de dragons portés va prolonger la résistance jusque dans la soirée, malgré l'entrée en action des unités blindées qui engageront jusqu'à 100 chars pour attaquer chacun des points d'appui de la division. Mais à partir de 17 heures et jusqu'à la nuit, c'est sur le flanc droit de la 2e division légère de cavalerie que sont signalées d'autres masses d'engins blindés.

Certaines de ces formations, pénétrant profondément vers le Sud, dépassent Airaines ; d'autres se rabattant vers l'ouest, achève le débordement de la 2ᵉ brigade. La plupart des unités de celle-ci, encerclées, se défendent sur place jusqu'à épuisement de leurs moyens ; d'autres se reportent vers le sud, disputant pied à pied le terrain. Les pertes et surtout en cadres sont très lourdes.

À l'issue de ces combats très meurtriers, le 22ᵉ régiment d'infanterie coloniale accueille dans ses rangs les survivants du 3ᵉ régiment de dragons portés d'infanterie, ainsi que le 1ᵉʳ escadron de motocyclistes du 2ᵉ régiment d'automitrailleuses (qui a déjà perdu la moitié de son effectif) et quelques conducteurs dont le matériel a été détruit. On apprendra plus tard que cette fraction combattra jusqu'au 8 juin à midi, avec tous ses officiers blessés.

Pendant ce temps, la 3ᵉ brigade de cavalerie franchit à vive allure la distance qu'elle doit parcourir. Sa tête atteint vers 17 heures le village d'Avesnes. Mais sa mission ne pourra plus consister simplement à recueillir ou à étayer la 12e brigade, la menace que cause sur le flanc droit l'incursion profonde ennemie va mettre en première urgence la parade au débordement.

La 3ᵉ brigade de cavalerie aura donc à relier la 12ᵉ brigade légère mécanique et la 3ᵉ division de cavalerie. À droite, le 18ᵉ régiment de chasseurs tiendra Etrejust et les bois au sud de Warlus.
À gauche, le 5ᵉ régiment de cuirassiers tiendra Le Fay, Vergies et Croquoison.

Le groupe d'artillerie se déploiera dans la région de Vergies.
La division va ainsi se trouver entièrement déployée, sans réserve, sur une étendue de terrain considérable. Au cas où l'attaque ennemie continuerait le lendemain dans les mêmes conditions, la solidité du dispositif serait précaire. Le général Berniquet prescrit en conséquence que la résistance soit reportée à la nuit sur une ligne jalonnée, au nord, par la voie ferrée d'Oisemont, et au sud, par les points d'appui que vient d'occuper la 3ᵉ brigade de cavalerie.

À 21 heures, le poste de commandement de la division est à Saint-Maulvis. On s'efforcera de compter les pertes qui sont cruelles, surtout à la 12ᵉ brigade légère. Le 3ᵉ régiment de dragons portés a perdu les trois quarts de ses officiers et de ses combattants.

Seul reste constituer au soir un escadron mixte, un peloton d'automitrailleuses de reconnaissance et un peloton moto. Dans la nuit, on constitue un escadron de marche de fusiliers. Le 2e régiment d'automitrailleuses est réduit des deux tiers de ses éléments blindés et de la moitié de ses motocyclistes. La compagnie du génie avait au moment de l'attaque 2 sections sur 3 au travail en ligne. Elles ont fait le coup de feu, avec leurs camarades cavaliers, et ont succombé dans les points d'appui défendus à outrance. Le 22e régiment d'infanterie coloniale doit de son côté être reconstitué en deux bataillons.

Au lever du jour du 6 juin 1940, le nouveau dispositif est en place et il n'y a aucune activité ennemie.

On peut croire un moment que le contact est perdu. Cependant, quelques engins blindés tâtent le front du 5e régiment de cuirassiers ; ils sont repoussés avec des pertes. Le général Ihler prévient son état-major du 9e corps d'armée que la 51e division écossaise du général Fortune entame un repli sur la Bresle.

Dans ces conditions, le général Berniquet estime nécessaire de rectifier sa gauche :

– la 12e brigade légère (renforcement du 22e régiment d'infanterie coloniale) tiendra d'Oisemont au bois de Bienflos, la 3e brigade de cavalerie demeurant sur ses positions. Les restes du 3e régiment de dragons portés seront à partir de maintenant toujours conservés en réserve à la disposition immédiate du général commandant la division. Vers l'arrière, sur la coupure de la Bresle prolongée à l'est de Sénarpont, par celle du Liger, la liaison s'établit avec les 31e et 40e divisions d'infanterie, qui s'installent, défensivement.

©Collection NARA : général Marcel Ihler

Ce même jour, le général Marcel Ihler devient le chef de corps des unités suivantes :

– La 40e division d'infanterie
du général Durand

– La 31e division d'infanterie
du général Vauthier

– La 2e D.L.C, du général Berniquet

– La 3e D.L.C, du général Petiet

– La 5e D.L.C, du général Chanoine

À partir de 16 heures, l'ennemi resserre son contact et accentue son activité notamment au centre devant le 22e régiment d'infanterie coloniale et le 5e régiment de cuirassiers. Vers 17 heures, il attaque le bois de Bienflos et Vergies et y pénètre tout d'abord. Entre 17 et 19 heures, de grandes difficultés apparaissent dans la défense du front, ce qui nécessite des contre-attaques, où se distingue l'escadron de Meaupou du 8e cuirassier qui nettoie Vergies.

Les positions tenues par les deux brigades sont donc conservées jusqu'à la nuit ; mais des événements extérieurs vont de nouveau venir modifier la situation de la division :

À l'ouest, la 51e division écossaise s'est retirée derrière la Bresle et la gauche de la 12e brigade légère de cavalerie à Oisemont est menacée d'enveloppement. Vers la droite, les forces ennemies motorisées sont signalées vers Poix et il en résulte une grave crise de liaison avec l'échelon supérieur.

© Collection IWM : soldats de la 51ᵉ Highland Division

À la nuit du 7 juin 1940, le général Berniquet décide de continuer la défense au nord de la Bresle et du Liger en l'adaptant à la situation nouvelle. Une tête de pont est formée avec deux brigades au nord des cours d'eau. La 12ᵉ brigade légère occupera l'est de Sénarpont, et Bernapré.
La 3ᵉ brigade de cavalerie tiendra Audainville et Arguel.
L'artillerie est au complet et le groupe de canons de 105mm de la batterie C, ayant cessé d'être détaché à la 51ᵉ division écossaise, se déploiera sur le plateau au sud du Liger.
Cette nouvelle phase de ce plan de défense s'effectue normalement au cours de la nuit. L'ennemi n'a pas perdu le contact. Dès le petit jour, des reconnaissances tâtent tout le front de la tête de pont. De grosses unités allemandes arrivent par le nord et sont repérées en direction de Fresneville, de Saint-Maulvis et de Villers-Campsart. L'artillerie et les mitrailleuses françaises obtiennent d'excellents résultats sur ce front.

À partir de 10 h 30, l'infanterie ennemie, appuyée par l'artillerie, commence à attaquer. La pression la plus violente s'exerce d'abord sur la droite, puis, de proche en proche, gagne vers l'Ouest. Jusqu'à la nuit, les divisions maintiennent énergiquement leurs positions, disputant âprement le terrain et parfois à la grenade ou le reprenant par des contre-attaques. Elles sont effectuées au nord de Sénarpont par quelques blindés du 2ᵉ régiment d'automitrailleuses et à Audainville par le 5e régiment de cuirassiers avec les automitrailleuses de reconnaissance restantes du 2ᵉ régiment de dragons portés. Ces contre-attaques font un certain nombre de prisonniers.
L'artillerie, bien renseignée par la ligne de combat, est intervenue constamment sur des objectifs assez compacts et peu manœuvriers, qui ont certainement subi de grosses pertes. Celles de la 2e D.L.C, due, notamment, à de violentes attaques de stukas, sont d'autre part assez sensibles.
Mais l'effet moral de la journée est excellent pour les combattants de la 2ᵉ division légère de cavalerie. Tout le monde a l'impression nette d'avoir dominé partout l'ennemi dans le combat rapproché. Et puis en somme, depuis trois jours l'ordre du Haut Commandement : *« Tenir »*, insufflé à tous, est exécuté. On s'est *« cramponné »* tant bien que mal, mais on s'est cramponné.

Par contre, les liaisons montrent au général Berniquet une situation générale qui s'aggrave, particulièrement vers la droite du groupement grandement menacée et débordée. Dès 9 heures, un message lui demande de se regrouper dans la forêt d'Eu afin d'être mis à la disposition du 9ᵉ corps d'armée. L'exécution de cet ordre ne peut être prévue que pour la nuit, les unités étant à ce moment, comme on l'a vu, en plein combat. Même à la nuit le regroupement lent et pénible pour certaines unités fortement engagées nécessite par endroits l'intervention d'automitrailleuses pour permettre la rupture du contact. Il ne s'achèvera pour la 3ᵉ brigade de cavalerie que le 8 juin vers 4 heures.

Le poste de commandement de la division s'installe à Saint-Martin-au-Bosc vers 22 h 30. La 3ᵉ brigade de cavalerie gagne dans la nuit la région de Camp-Neuveville — Lomberval. La 12ᵉ brigade légère mécanique gagne la région de Richemont — La Neuville.

La 12ᵉ brigade légère mécanique y trouve un escadron d'automitrailleuses de découverte qui lui, est passé, par une autre grande unité et qui permet de reformer un escadron d'automitrailleuses de découverte à peu près complet au 2e régiment d'automitrailleuses.
On verra d'ailleurs cette nouvelle unité fondre comme neige au soleil dans les combats des jours qui vont suivre. En revanche, le 22ᵉ régiment d'infanterie coloniale laissé à la 40ᵉ division d'infanterie a quitté la 2ᵉ brigade légère de cavalerie. La division a subi des pertes regrettables dans ses arrières. Les incursions de chars ennemis ont provoqué la perte de contingents voyageant en train. Le commandement du 9ᵉ corps d'armée a perdu ainsi ses moyens de transmission. La communication des ordres est devenue entièrement précaire.

Depuis le 6 juin, les ravitaillements vers l'arrière ne s'exécutent qu'au prix de grosses difficultés.

La bataille de la Somme est terminée pour le 9ᵉ corps d'armée et un repli est ordonné vers la Seine-Inférieure (Seine-Maritime).

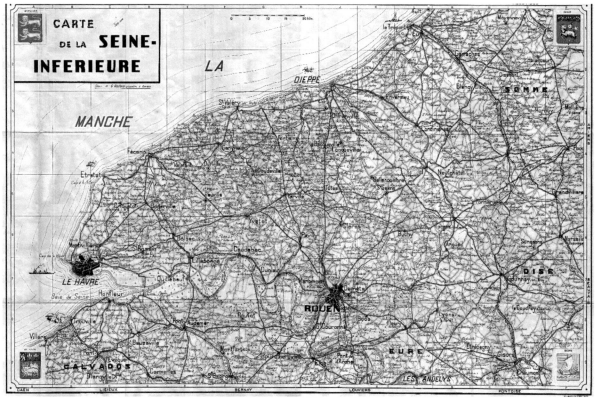

©Collection auteur: carte de la Seine-Inférieure en juin 1940.

Le 9ᵉ corps d'armée en Normandie

Le 8 juin 1940, la liaison avec le commandement supérieur n'ayant pu encore être rétablie, le général André Berniquet donne vers 1 heure du matin, ses ordres pour la journée.

La division débouchera au sud de la forêt d'Eu et se portera à la droite de la 5e division légère de cavalerie du général Chanoine en vue de reconnaître la situation vers le sud-est, dans la direction générale de Formerie. Elle s'engage ensuite, suivant les renseignements recueillis.

Dans la pensée du général, il souhaite pousser plus au loin vers l'est ou le sud-est avec l'ambition de se rapprocher des forces alliées dont le groupement se trouve séparé par les attaques blindées ennemies, et de rétablir si possible la liaison. Derrière une unité de reconnaissance orientée sur Formerie et sur Neufchâtel-en-Bray, la 12ᵉ brigade légère mécanique réduite d'ailleurs au seul petit régiment d'automitrailleuses, mais consolidé, d'une batterie, accède à la lisière-sud, de la forêt d'Eu, et se porte initialement dans la région de Ronchois avec son unité de reconnaissance en direction de Formerie.

Elle reprendra son mouvement sur Formerie dès qu'elle sera rejointe par la 3ᵉ brigade de cavalerie. Le poste de commandement de la 2ᵉ DLC est au carrefour sud, de la basse-forêt d'Eu auprès de celui de la 5ᵉ division légère de cavalerie.

La progression s'effectue normalement à la sortie de la forêt d'Eu. La 12ᵉ brigade légère mécanique porte sans incident son « gros » aux abords des Defens sur la route d'Aumale en direction de Conteville ; ses unités de reconnaissance lui signalent que Ronchois est libre et Conteville est occupée.

Par contre, en raison de son arrivée tardive dans la zone de regroupement la 3ᵉ brigade de cavalerie du général de Cotenson ne commence à déboucher de la forêt que vers 9 heures.

Au cours de ce déplacement, on apprend que la situation a évolué défavorablement vers Aumale.

Le général Berniquet renonce donc à porter son « gros » plus loin vers Formerie. Il prescrit à la 12ᵉ brigade légère mécanique de maintenir tant qu'elle pourra l'occupation de Ronchois et des Défens et le contact établi à Conteville.

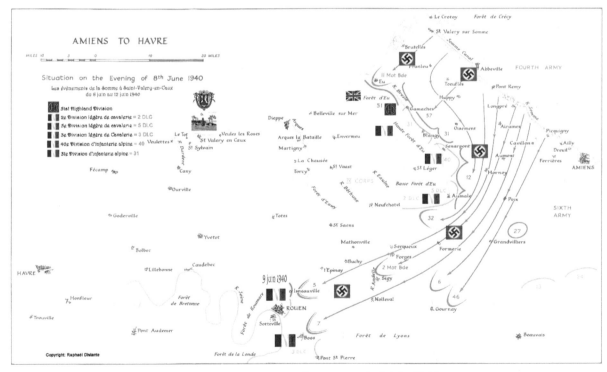

© Carte des mouvements des troupes, le 8 juin 1940.

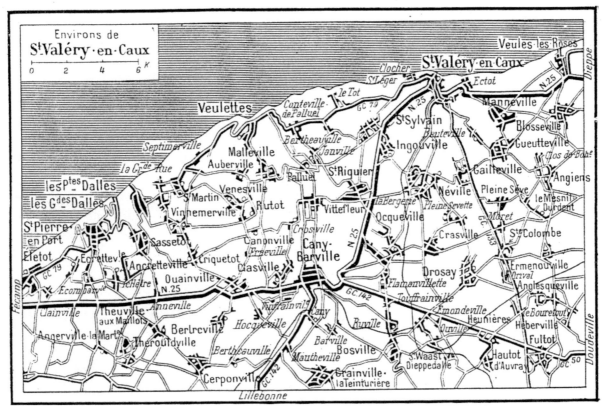

©Collection auteur : carte des environs de St Valery en juin 1940.

En accord, avec le général Chanoine, commandant la 5ᵉ division légère de cavalerie, la 3ᵉ brigade de cavalerie, appuyée par le groupe de canons de 105 mm, tiendra une ligne jalonnée par Coupigny, Ulois, Mesnil-David, Les Fretils, Auvilliers, Sainte-Beuve. La mise en place de ce nouveau dispositif s'achève au début de l'après-midi, la journée se passe sans nouveau contact ; la découverte a signalé que la ville de Neufchâtel est libre ; elle a été gênée par des explosions de mines arrêtant la circulation et endommageant encore des véhicules blindés. Sur ces entrefaites, le général Berniquet se rend au poste de commandement du 9ᵉ corps d'armée à Bures.

Il reçoit du Haut-Commandement l'ordre de repli sur Rouen. Le 9ᵉ corps d'armée doit en quatre jours atteindre la Seine de Rouen à Gaillon. Au cours de ce mouvement, les 2e et 5e divisions légères de cavalerie assureront la protection du flanc-sud, des divisions d'infanterie contre les forces motorisées qui poussent en direction de la Seine. Pendant toute la durée du repli, elles exécuteront chaque jour un mouvement de tiroir qui garantira la couverture d'une division tandis que l'autre viendra prolonger le front de la première pour assurer la même mission le lendemain.

Le 9 juin 1940, la division tiendra la ligne générale Auvilliers — Neufchâtel. Vers 18 heures, en exécution de cet ordre, le général Berniquet ordonne à la 3ᵉ brigade de cavalerie de s'établir sur la ligne : La Caule-Auvilliers-Mortemer-La Mare. La 12ᵉ brigade légère mécanique tiendra Neufchâtel et disposera d'un groupe d'artillerie. Tous les trains sont dirigés en toute hâte au-delà de la Seine vers Évreux ; ils auront presque tous la chance de pouvoir passer, grâce à des merveilles d'ingéniosité et d'initiative. La mise en place du nouveau dispositif est réalisée pour 21 heures.

Les manœuvres des troupes françaises autour de Neufchâtel sont favorisées par les incendies de la petite ville, qui flambe après des bombardements aériens. Les points tenus par la division lui permettent de barrer des chemins stratégiques entre la Bresle et l'Aulne ainsi qu'entre la Béthune et la forêt d'Eu. Elle contrôle aussi les routes qui mènent à Aumale, Neufchâtel et Formerie.

Les liaisons et les mouvements vers l'arrière sont rendus difficiles par la destruction des points de passage sur la Béthune de part et d'autre de Neufchâtel, destructions opérées tout à fait en dehors de la volonté du commandement. Seul le pont de Bures est intact, aussi la circulation y converge avec beaucoup d'encombrement ; ordre est donné au génie divisionnaire de rétablir un pont provisoire à Mesnières. La nuit et la matinée du 9 juin se passent dans un calme relatif.

Des patrouilles motorisées sont envoyées dans les différentes directions dangereuses. Entre Aulne et Bresle, un premier contact est rétabli vers midi à Illois. Vers le sud, Neufchâtel et la droite du 5e régiment de cuirassiers, à La Mare, sont tâtés par de fortes reconnaissances ennemies. Vers 15 heures, la pression ennemie s'intensifie sur Neufchâtel, aux abords duquel ont lieu quelques engagements. Vers 17 heures, l'infanterie ennemie prend le contact sur la gauche de la 3e brigade de cavalerie. Du fait des deux progressions qui convergent, cette brigade est bien en flèche. Aussi le général prescrit de reporter sa gauche à hauteur de Lucy-la-Moyenne, face au sud-est. Le poste de commandement de la division se déplace vers les bois, au nord-est de Bures.

À ce moment arrive le renseignement que la pression ennemie sur Neufchâtel se prolonge vers l'Ouest ; l'ennemi a pris pied dans la ville de Saint-Saëns. En même temps parviennent de nouveaux ordres supérieurs ; l'arrivée des forces motorisées ennemies devant Rouen est confirmée. Les ponts de la Seine ont été détruits. Le mouvement de retraite du 9e corps d'armée se poursuivra le 10 juin, cette fois en direction du Havre.

La 2e division légère de cavalerie franchira la Béthune pour aller prolonger, sur la ligne Saint-Saëns - Tôtes, la droite de la 5e division légère de cavalerie qui se portera alors en direction d'Yvetot. Le général Berniquet décide d'occuper au plus tôt, avec une grande partie du 2e régiment d'automitrailleuses, le carrefour de Tôtes où convergent notamment les routes du Havre à Abbeville et à Neufchâtel. Le reste de la division se portera dans la région d'Auffay pour s'engager ensuite suivant les renseignements. Le poste de commandement se portera sur Saint-Hellier.

L'ennemi est signalé à la lisière-sud de la forêt de Saint-Saëns, celle dont la division doit traverser la partie-nord, le 3e régiment de dragons portés couvrira au sud dans les directions de Bellencombre-Saint-Saëns le carrefour de Saint-Martin que doivent utiliser presque tous les éléments motorisés.
Les mouvements commencent à la tombée de la nuit, mais ils vont être gênés à l'extrême par des difficultés de circulation ; de nombreuses unités motorisées des 2e et 5e D. L. C. et d'une division d'infanterie utilisent les mêmes itinéraires. En outre, l'adversaire est mordant.

À la 12e brigade légère mécanique, la rupture du contact s'effectue tard, mais normalement.
L'unique pont de Bures est utilisé avec de graves à-coups. Cependant, l'ensemble des mouvements prévus s'exécute au cours de la nuit. Le « décrochage » de la 3e brigade de cavalerie est plus problématique. Ses deux régiments reçoivent l'ordre de gagner les bois au sud-est de Bures, où ils se regrouperont avant de commencer le mouvement.

Le 18e Chasseurs est, dans la région de Menonval, pris à partie par des chars ; il couvre son repli avec l'escadron de Sèze... qui ne le rejoindra plus. Cet escadron, accroché un certain temps dans Sainte-Beuve-en-Rivière, ne pourra atteindre la Béthune qu'à la nuit ; il ne trouvera plus de passage pour les chevaux et, après s'en être séparé, il sera encerclé et succombera le lendemain à Pommereval, sous des attaques de chars. Regroupée enfin au sud-est de Bures, la 3e brigade de cavalerie est avisée de la présence d'éléments ennemis vers Saint-Saëns. Pour éviter une dangereuse marche de flanc, elle appuie vers le Nord et débouchera sur Saint-Hélier au lever du jour.

©Collection privée : le général Gastey et le général de Cotenson

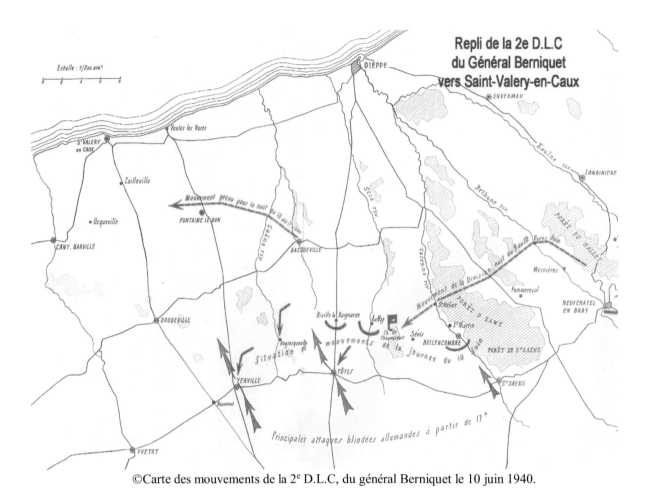

©Carte des mouvements de la 2ᵉ D.L.C, du général Berniquet le 10 juin 1940.

Pendant ce temps, à son arrivée à Saint-Hélier, vers 23 heures, le général Berniquet cherche à se faire renseigner sur la situation sur la ligne Saint-Saëns — Tôtes, qu'il doit atteindre. Le gros du 2ᵉ régiment d'automitrailleuses est en mouvement sur Tôtes. Il est préconisé au 3ᵉ régiment de dragons portés de faire reconnaître Bellencombre avant le jour et de porter sur le plateau au sud-ouest de cette localité un détachement qui reconnaîtra jusqu'à la route Tôtes — Saint-Saëns.

L'état-major de la 12ᵉ brigade légère et le reste du 2ᵉ régiment d'automitrailleuses se portent à Auffay et poussent des coups de sonde jusqu'à la même route en attendant l'arrivée de la 3ᵉ brigade de cavalerie. Celle-ci commence à déboucher à Saint-Hellier vers 6 heures, au moment où arrive au poste de commandement la nouvelle que le 2ᵉ régiment d'automitrailleuses s'est heurté vers 4 heures à Tôtes à une forte résistance. Le détachement a perdu dans l'engagement les deux tiers de ses véhicules et bon nombre de motocyclistes.

Le général Berniquet décide de s'emparer de Tôtes par une attaque de la 3e brigade de cavalerie appuyée par toute l'artillerie de la division. Ses ordres donnés à cet effet, il se porte de sa personne au château de Chaumacourt auprès du général commandant la 5ᵉ division légère de cavalerie. Les deux généraux, Berniquet et Chanoine conviennent de ce qui suit :
Les deux divisions de cavalerie opéreront désormais, et jusqu'à nouvel ordre en un groupement unique aux ordres du général Berniquet. Les deux postes de commandement sont juxtaposés.

Les deux brigades motorisées ou du moins ce qui l'en reste seront placés, aux ordres du brigadier le plus ancien (général commandant la 12e brigade légère mécanique) pour pousser immédiatement en direction de Yerville en contournant Tôtes par le Nord.

La 3e brigade de cavalerie part à l'attaque à 9 h 30 et elle atteint allègrement ses premiers objectifs. Mais à partir de 11 heures, ils arrivent de mauvaises nouvelles de la région de Bellencombre.

Vers 10 heures, des chars ont débouché sur le plateau, en dispersant le détachement du 3e régiment de dragons portés. D'autres chars, faisant irruption dans Bellencombre, traversé à ce moment par une partie de la 5e division légère de cavalerie, lui ont fait subir de grosses pertes. Cet épisode a des répercussions importantes : le général commandant la 3e brigade de cavalerie, préoccupé à juste titre d'être pris à revers, est obligé de suspendre sa progression vers Tôtes et de s'installer défensivement.

Le 15e régiment de dragons portés a subi de telles pertes que le groupement motorisé qui doit être poussé vers Yerville sera réduit aux quelques engins blindés restants et à quelques fractions motocyclistes des deux divisions. À la fin de la matinée, l'ennemi, qui occupe Tôtes, paraît se mettre à progresser vers le Nord. La 3e brigade de cavalerie reçoit l'ordre de tenir Biville-la-Baignarde, où une fraction du 5e régiment de cuirassiers relève les éléments de la 12e brigade légère mécanique.

Vers 13 heures, le général Berniquet reçoit une instruction lui dictant de reprendre sans délai le mouvement sur Le Havre et de le continuer sans interruption.

Les 2e et 5e divisions de cavalerie devront se porter dès que possible sur la ligne Caudebec-Yvetot et la tenir jusqu'à l'arrivée des divisions d'infanterie. Le général Berniquet décide en conséquence de ne pas s'attarder à reprendre l'attaque sur Tôtes, de masquer ce point jusqu'à la nuit et de le contourner vers le nord.
Il fixe comme première destination la région de Cany-Barville, au nord d'Yvetot, dans laquelle s'effectuera dès que possible le regroupement des deux divisions, regroupement estimé nécessaire, sur le vu d'un renseignement signalant que l'ennemi avait atteint Yvetot et qu'une opération préalable serait nécessaire pour occuper l'objectif. Le poste de commandement se porte au nord-ouest de Biville-la-Baignarde, où il arrive vers 15 heures.

Pendant ce temps, le groupement motorisé se heurte à l'ennemi à Yerville et perd encore des véhicules blindés dans l'engagement. Puis l'ennemi, appuyé par de l'artillerie et de nombreux chars, débouche de Tôtes vers le nord, attaque Riville où se livrent jusqu'à la nuit des engagements confus qui tournent au combat de rue, et tombe dans la tête de la 3e brigade de cavalerie commençant ses mouvements.

Le 5e régiment de cuirassiers subit de grosses pertes et est disloqué, le commandant de la brigade et le colonel commandant le régiment mis hors d'état d'exercer le commandement et définitivement couper de leurs troupes. La batterie de canons de 47 mm antichar perd au combat ses dernières pièces.

Le poste de commandement des deux divisions à Beaumont, pris à partie lui aussi par des chars, est évacué à grande peine vers 21 heures. Cette poussée profonde de l'ennemi est un véritable coup de massue sous lequel chancellent les restes de la 2e division légère de cavalerie. La plupart des liens organiques sont rompus et beaucoup d'unités, coupées en plusieurs tronçons, perdent toute direction.

On va voir cependant ces débris s'organiser, à l'initiative de chefs, souvent nouveaux et parfois improvisés, s'orienter au cours de la nuit et nous les retrouvons le 11 juin, au matin, vers Saint-Valery-en-Caux et Veules-les-Roses, toujours face à l'ennemi.

Les combats du Pays de Caux, le 11 et 12 juin 1940

Depuis un mois, les soldats sont assaillis et sont sans repos. Les pertes humaines et en matériel sont très importantes. Le 3e régiment de dragons portés n'a pas 200 combattants et le 2e régiment d'automitrailleuses n'aligne plus que 2 voitures Panhard AMD, 2 chars H. 35 (dont un en panne) et quatre fusils mitrailleurs. Le 5e régiment de cuirassiers et le 18e régiment de chasseurs viennent de perdre chacun un escadron entier, sans préjudice de toutes les pertes antérieures ; le 5e régiment de cuirassiers n'a plus qu'un officier supérieur, d'ailleurs blessé.

L'escadron antichar et la batterie de canons de 47 mm ont eu toutes leurs pièces détruites, et d'ailleurs bien payées sur les chars adverses ; à la batterie, la poignée de servants restants sert deux mitrailleuses. La compagnie du génie, on l'a vu, n'a plus qu'une section.

Seule l'artillerie groupe encore quelques effectifs autour de ses tubes, à peu près au complet. Le tout représente 1 500 combattants. Il n'y a plus comme munitions que celles portées sur les hommes et le ravitaillement est impossible. La crise des munitions est générale au groupement. L'artillerie, par un adroit et hasardeux ravitaillement du dernier moment, a ses coffres pleins.

Tout le monde se retrouve à Saint-Valery-en-Caux ou très proche du petit-port de pêche. Pourquoi Saint-Valery ?

Dans la journée du 10 juin 1940, le bruit d'un embarquement des troupes à Saint-Valery-en-Caux s'est répandu dans les états-majors. Et les nouvelles relatives aux épisodes de Dunkerque ne sont pas restées sans écho. « On » dit même que le rembarquement bénéficiera d'une puissante couverture aérienne.

© Photographie auteur : falaises de la Côte d'Albâtre entre Veules-les-Roses et Saint-Valery-en Caux.

© Monument en hommage aux soldats de la 2ᵉ division légère de cavalerie sur la falaise d'aval de Saint-Valery-en-Caux. Il a été inauguré en juin 1950 en même temps que celui de la 51ᵉ division écossaise sur la falaise d'amont.

Vrai ou faux, reprenons le cours des événements…

Au cours de la nuit, entre le 10 juin et le 11 juin 1940, le poste de commandement des deux divisions fait mouvement et cherche tout d'abord à reprendre la route par Doudeville. Après quelques détours et embarras de circulation, on atteint Fontaine-le-Dun, où l'on retrouve quelques détachements. La liaison est cherchée avec le groupement motorisé.

La poursuite du mouvement des troupes de Fontaine-le-Dun vers Cany-Barville, par le chemin le plus direct et avec les quelques éléments regroupés commence, lorsqu'une liaison du général commandant la 12ᵉ brigade légère mécanique fait connaître qu'il a atteint Saint-Valery-en-Caux où il s'installe par ordre du général Ihler dont le poste de commandement est à Veules-les-Roses.

Le général Berniquet se porte d'emblée à Veules. Il y apprend, à 8 heures, que la présence de l'ennemi à Yvetot et Cany-Barville force à suspendre le mouvement vers Le Havre. Le groupement organisera autour de Saint-Valery-en-Caux, une tête de pont qu'il défendra jusqu'à ce qu'il puisse être embarqué et enlevé par la mer. La 51e division écossaise, la première arrivée, a commencé à établir des barrages sur les principales directions dangereuses. Il appartiendra aux divisions de cavalerie, au fur et à mesure de l'arrivée de leurs éléments, de relier entre eux les différents détachements britanniques en attendant que l'arrivée des divisions d'infanterie françaises permette une occupation convenable du terrain. L'état-major de la 2ᵉ division légère de cavalerie, en arrivant à Veules-les-Roses, a trouvé les restes du 3ᵉ régiment de dragons portés et y est rejoint par le colonel du 18ᵉ Chasseurs, précédant son régiment qu'il a pu regrouper tant bien que mal ; peu après le 73e régiment d'artillerie arrive, ainsi qu'un groupe du 5e régiment de cuirassiers (lieutenant de Meaupou d'Abbeiges), comprenant des restes de trois escadrons différents.

L'ensemble des éléments des deux divisions va former deux groupements principaux : sur la direction de Saint-Valery–Yvetot : le groupement motorisé comprenant les restes des deux brigades légères mécaniques (sans le 3e régiment de dragons portés) ; auprès de ce groupement doit venir peu à peu s'engager la majorité des éléments de la 5e division légère de cavalerie. Le tout couvre la région de Cailleville.

Sur la direction de Saint-Valery–Dieppe, sa gauche à la mer : le lieutenant-colonel de Reboul, commandant le 3e régiment de dragons portés, groupe autour de Veules-les-Roses les restes de son régiment, une partie du 18e Chasseurs (chef d'escadrons Augère), et le 73e régiment d'artillerie. Enfin, le colonel du 18e Chasseurs regroupera en réserve à Saint-Valery-en-Caux le reste de la 3e brigade de cavalerie.

Le poste de commandement de la 2e division légère de cavalerie reste provisoirement à Veules-les-Roses. Cependant, peu à peu, le regroupement du 9e corps d'armée s'accentue. Il est décidé que la tête de pont sera répartie en secteurs, attribués respectivement à la 40e division d'infanterie à l'Ouest et à la 31e division d'infanterie à l'est. Mais les éléments britanniques et les éléments des deux divisions de cavalerie ne sont pas encore dessaisis des missions qu'ils ont reçues initialement. Vers midi, un ordre du commandant du groupement vient d'exiger de se tenir prêt à embarquer dans la nuit suivante la moitié des effectifs tout en maintenant la défense des positions occupées. Les différents échelons de commandement préparent secrètement la répartition des effectifs en conséquence.

Vers 13 heures, le général Berniquet transporte son poste de commandement de Veules à Saint-Valery, et il s'installe dans une maison « la Bellevue » située route de Dieppe à la sortie de la ville, sur la route de Veules ; il impose, en outre, au gros du 5e régiment de cuirassiers de se porter à Ocqueville pour renforcer la défense bien mince des premières lignes. Le changement de poste de commandement s'opère péniblement. Le départ de Veules est retardé par une violente attaque de stukas et l'arrivée à Saint-Valery-en-Caux s'effectue au cours d'un bombardement de l'artillerie ennemie. Cependant, l'ennemi a pris peu à peu le contact de la tête de pont en déployant de nombreuses unités de chars.

Déjà, vers la fin de la matinée, une division de blindés ennemis motorisés commandée par le général Erwin Rommel venant de la direction de Veulettes-sur-Mer et progressant le long de la falaise a refoulé au hameau du Tôt, et autour du village de Saint-Sylvain, le régiment écossais, le 2e Seaforth. À l'issue de ces combats, la division de chars allemands du général Rommel arrive sur les hauteurs de la falaise d'aval de Saint-Valery-en-Caux.

Alors, le général Berniquet décide de contre-attaquer. Il faut à tout prix, comme il en a donné l'ordre formel, rejeter l'ennemi de l'autre côté de la falaise d'aval de Saint-Valery afin de ne pas lui permettre d'avoir des vues sur la ville et son petit port.

Le 5e régiment de cuirassiers s'élance à l'assaut, appuyé par les canons de la division. Des mitrailleuses allemandes sont culbutées, rejetées. L'ennemi, impressionné par ce sursaut désespéré auquel il ne s'attendait pas, lâche pied un instant et recule. Durant l'après-midi ont lieu de violents bombardements par l'aviation et l'artillerie ennemies. De nombreux incendies se déclarent au centre de la ville de Saint-Valery. La pression de l'ennemi est axée sur le port et le centre-ville.
Vers la fin de l'après-midi, l'activité ennemie s'intensifie et le nombre des chars engagés s'accroît. Entre 17 et 18 heures, l'ennemi prononce une nouvelle attaque de chars sur la falaise à l'ouest du port. Cette attaque est contenue avec peine et la plage est désormais sous le feu des mitrailleuses allemandes.

Vers la même heure, le lieutenant-colonel commandant le 3ᵉ régiment de dragons portés signale que Veules-les-Roses est attaqué. En résumé, si l'ennemi est contenu sur l'ensemble du front, des solutions de continuité permettent des infiltrations d'infanterie et de chars. Une incursion de ceux-ci pousse jusqu'à la route de Saint-Valery-en-Caux à Veules-les-Roses, intercepte celle-ci et supprime toute liaison réelle entre les deux localités. Le poste de commandement de la division est mis en état de défense.

Vers 20 heures, il est attaqué par des chars qui mitraillent les bâtiments, alors que l'état-major de la division est en train de suivre à la vue une attaque plus lointaine. Bien que la pièce où le général Berniquet est exposé sous les rafales de mitrailleuse, le général continue à dicter ses ordres. Le général a terminé. Il se relève, passe devant la fenêtre, sans daigner se baisser, juste au moment où une dernière rafale achève de fracasser les vitres et de cribler le mur. Il s'affaisse aussitôt, sans un cri, mortellement frappé.

Le bruit du combat diminue d'intensité. Les mitrailleuses se taisent. On s'empresse auprès au général Berniquet, on l'étend sur un matelas, dans l'angle le plus abrité. Un médecin-major dégrafe sa tunique ensanglantée et secoue douloureusement la tête. Le général n'est pas mort, mais il n'y a aucun espoir. Sa fin est proche. L'aumônier de la division, qu'on est allé chercher en plein combat, l'abbé Masson, accourt et apporte à son chef, les derniers secours de la religion. Le général l'a reconnu, sourit, prononce quelques paroles, et entre presque aussitôt dans le coma.

Le commandement de la 2ᵉ division légère de cavalerie est pris en charge par le général Gastey commandant la 12ᵉ brigade légère. Jusqu'à la tombée complète du jour, des chars continuent à croiser dans le voisinage du poste de commandement, privé de toute possibilité d'action et de commandement. Puis un calme lourd de menaces se rétablit. La nuit va se passer pour tous dans l'attente angoissée d'ordres relatifs à l'embarquement ; mais ces ordres ne parviendront pas, l'échelon supérieur ne recevant de son côté aucune nouvelle à cet égard.

Vers minuit, à la faveur de l'obscurité, l'aspirant de Contenson a pu relier Veules-les-Roses au poste de commandement de la division ; il est porteur d'un compte-rendu du colonel du 3ᵉ régiment de dragons portés signalant que la localité a été attaquée à diverses reprises par des chars jusqu'à la tombée de la nuit.

L'ennemi a subi de grosses pertes (le groupe de 75 du 73ᵉ régiment d'artillerie a détruit, à lui seul, une vingtaine d'engins blindés ennemis avant de mettre ses pièces hors d'usage, la dernière cartouche tirée). Mais l'ennemi tient tous les abords de la localité. Le général Ihler demande des instructions au sujet de l'embarquement.

Le général Gastey commandant la division ne peut lui répondre qu'une chose ; c'est que les ordres concernant la résistance sont seuls en vigueur. Cette liaison est la dernière relation entre le poste de commandement de la division et le groupement de Veules-les-Roses.

À l'aube, du 12 juin, les actions reprennent sur les premières lignes un peu partout. Les bombardements aériens et terrestres recommencent, ininterrompus. Saint-Valery-en-Caux est en flammes. C'est alors qu'à 7 heures, parvient l'ordre tragique : *« Le feu cessera à 8 h 30 »*.

Les larmes aux yeux et après avoir brûlé les dernières munitions on détruit l'armement et le peu de véhicules restant. L'ordre n'atteint d'ailleurs la plupart des unités qu'aux environs de midi.

Quant au groupement de Veules-les-Roses, qui ne peut être touché et qui comprend des fractions de presque tous les corps de la division, il va mettre à l'actif de celle-ci un dernier fait d'armes en prolongeant la défense jusqu'au soir du 12 juin 1940. L'ennemi avait la veille au soir atteint et même dépassé par place, les lisières de la petite localité. Pour en forcer la résistance, il attaque à diverses reprises les issues avec des chars ; mais les défenseurs barrent la route à ceux-ci en brûlant peu à peu leurs propres véhicules. Lorsque l'infanterie ennemie pénètre dans Veules, la défense continue opiniâtre, rue par rue, maison par maison, à la grenade et jusqu'au corps à corps. Vers 18 heures, l'ordre de cesser la lutte est donné après que tous les moyens de combat sont épuisés.

Cependant, vers 10 heures, les troupes allemandes ont commencé à s'infiltrer prudemment dans Saint-Valery, où ne tardera pas à arriver personnellement le général Rommel, commandant la 7e Panzer Division, escorté par une unité de chars. À peu près au même moment quelques navires, du grand large, tirent sur la Terre.

Est-ce les bateaux destinés à l'embarquement ?

Ce n'est que longtemps après qu'on apprendra que oui, ou tout au moins une faible partie d'entre eux et qu'ils ont pu enlever à Veules, dans la nuit des centaines d'hommes français et britanniques. Après avoir passé une nuit pénible au poste de commandement, veillé par quelques-uns de ses officiers, le général Berniquet avait pu être transporté à l'hospice de Saint-Valery-en-Caux.

Il s'y éteignait à midi en présence du lieutenant-colonel Lejay, son chef d'état-major, du médecin-lieutenant-colonel Gardies, médecin-divisionnaire, et de l'aumônier Masson. À ce moment précis, un avion-ami survole Saint-Valery-en-Caux, puis s'éloigne. Le premier que les combattants de la 2e division légère de cavalerie ont pu apercevoir depuis les Ardennes.

Le haut commandement allemand permet à ses officiers-prisonniers d'assister à l'inhumation du général Berniquet, à Saint-Valery-en-Caux, au milieu de ses soldats, le haut commandement allemand tient à honorer la mémoire d'un officier supérieur qui avait forcé son estime et son respect.

Dans une lettre à un camarade, un de ses officiers s'exprime ainsi : « *Le général Berniquet s'est affirmé tout le temps un chef de tout premier ordre. Son cran, son calme, son caractère ont fait notre admiration à tous. Il a été tué le soir du dernier jour... »*

La bataille de France est terminée pour les unités du 9e corps d'armée du général Ihler.

Le général Chanoine, le général André Durand, le général Pierre Servais Durand, le général Gastey, le général Brown de Colstoun, le général Vauthier, le général de Cotenson, le général Fortune sont faits prisonniers de guerre, avec les soldats rescapés, d'un mois de combats, sans repos... quel sacrifice !

Et une nouvelle vie entre enfer et espoir attend ces héroïques soldats, en tant que prisonnier de guerre ou par des évasions extraordinaires, mais cela est une autre histoire de nos héros oubliés...

Chapitre 3

Le 12ᵉ régiment de chasseurs

Les origines

Le 12e régiment de chasseurs est né en 1791. Il combattit avec Napoléon jusqu'en 1815, date de la fameuse bataille de Waterloo. Après cette défaite napoléonienne, le régiment fut dissous par Louis XVIII.

Le 30 août 1815, le régiment est recréé sous le nom du 12ᵉ de la Marne et Le 27 février 1825, le régiment retrouva son nom d'origine « le 12ᵉ régiment de chasseurs ».

Insigne de 1963 à 1973

Insigne de 1973 à 1984.

Jean-Chrétien FISCHER
A l'origine de la création du premier régiment de chasseurs
1743

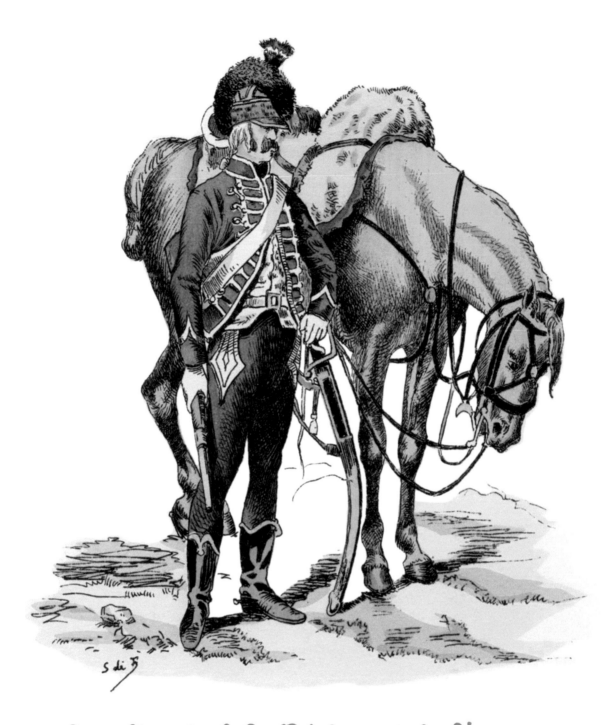

Cavalier du 12e Régiment de Chasseurs en 1791

© Joachim Murat en costume de sous-lieutenant du 12ᵉ régiment de chasseurs en 1792.
Peinture réalisée par P.Guérin et exposée au château de Versailles.

*« **Audace n'est pas déraison** »*. *C'est la devise du 12ᵉ RCH.*

*« **Par Saint-Georges Vive la cavalerie ! Et par Murat, Vive le 12ᵉ ! »**.C'est* son cri de ralliement.

Cavalier du 12e Régiment de Chasseurs
en
1803

©Collection privée

Cavalier du 12e Régiment de Chasseurs
en
1812

©Collection privée

Conquête de l'Algérie

Sur ordre de Charles X, la flotte appareille de Toulon le 25 mai 1830 avec 453 navires, 83 pièces de siège, 27 000 marins et 37 000 soldats. Le corps expéditionnaire est placé sous les ordres de l'amiral Duperre et du général Berthezene. Le 14 juin 1830, les troupes françaises débarquent sur la plage de Sidi Ferruch, à 25 km d'Alger et le 5 juillet, les troupes françaises font leur entrée dans la forteresse d'Alger.

Le 12e régiment de chasseurs participe en 1831 à la création du 1er régiment de chasseurs d'Afrique, régiment créé par ordonnance royale du 17 novembre 1831.
Cette unité s'illustrera sous toutes les latitudes ; ceci commence par une participation active dans la conquête de l'Algérie où elle participe à la prise de la smala d'Abdel Kader sous le commandement du général Bugeaud (16 mai 1843) jusqu'au débarquement en Provence avec la 1re armée française.

Expédition du Mexique 1862-1867

Lorsqu'en 1862 Napoléon III décide d'envoyer un corps expéditionnaire au Mexique, un régiment de cavalerie, est créé et prend le nom de « 2e régiment de marche de cavalerie », il fut constitué par prélèvement de deux escadrons dans deux régiments existant déjà, le 12e régiment de chasseurs à cheval, à l'époque en garnison à Carcassonne et le 3e régiment de chasseurs d'Afrique. Le détachement du régiment comprend : le lieutenant-colonel Marguerite (commandant en second), le 5e escadron du capitaine Colne et le 6e escadron du Capitaine Vata.

À peine arrivé au Mexique, le lieutenant-colonel Marguerite, à la tête des cinq pelotons de l'Escadron Vata, en avant-garde de la colonne, charge 200 cavaliers mexicains à Plan Del Rio, ce qui valut à cet escadron la citation à l'ordre de la Brigade n° 12 suivante :
« Le 6e escadron du 12e Chasseurs à cheval est le premier du Corps de la colonne qui ait eu l'honneur de rencontrer l'ennemi, les autres corps le lui envient, et applaudissent donc à la charge pleine d'élan qui lui a procuré, le 3 novembre 1862 à Plan Del Rio, le succès si complet et si brillant que nous avons pu constater par le nombre des morts et des blessés laissés par l'ennemi dans sa fuite.

Le général commandant la colonne est heureux de pouvoir témoigner par la voie de l'ordre sa satisfaction à tous les officiers, sous-officiers et cavaliers, et particulièrement à l'officier supérieur, monsieur le lieutenant-colonel Marguerite, pour la vigueur qu'ils ont donc déployée en cette circonstance. »
À cette époque, le chef du corps expéditionnaire, le maréchal Forey, disait de Marguerite : « On ne sait plus en quels termes faire l'éloge du lieutenant-colonel Marguerite » a seize ans, ce valeureux soldat se battait tous les jours sous les ordres du général Allonville, il se faisait mettre à l'ordre du jour. À vingt ans, il était sous-lieutenant, cité quatre fois à l'ordre de l'armée et chevalier de la Légion d'honneur.

Le 11 février 1863 à Los Lanos, les chasseurs s'illustrèrent en dégageant des convois de ravitaillement attaqués par les Mexicains. À San Lorenzo, ils s'emparèrent d'un important butin le 22 mars 1863 et, en juin 1865 à Urcuapan, 70 Chasseurs sabrèrent et mirent en fuite un bataillon d'élite ; cette action dissuada quelque 700 cavaliers mexicains qui préférèrent faire demi-tour.

Officier du 12e Régiment de Chasseurs de
1880

Guerre franco-allemande de 1870-1871

Ce fut à des chasseurs du 5ᵉ escadron de ce régiment qu'il appartint le 25 juillet 1870 de participer au premier engagement de la guerre franco-allemande. Un peloton intercepta une patrouille de Dragons Badois qui fut mise hors de combat à l'exception d'un officier, le comte Zeppelin, le futur inventeur des dirigeables.
Le régiment eut le triste destin d'avoir le premier mort de cette guerre.

Durant la guerre de 1870, le régiment est subordonné à la division de cavalerie (général Brahaut) du 5ᵉ corps (général de Failly) de l'armée de Châlons placée sous les ordres du maréchal Mac-Mahon, cette division est composée de deux brigades.
La 1ʳᵉ brigade commandée par le général de Bernis (8 escadrons – 77 officiers et 964 cavaliers) se compose des :
- 5ᵉ régiment de hussards commandé par le colonel Flogny
  (4 escadrons - 41 officiers et 548 cavaliers)
- 12e régiment de chasseurs commandé par le colonel de Tuce, commandant en second lieutenant-colonel de La Porte.
  (4 escadrons - 36 officiers et 416 cavaliers)

Le régiment participera aux combats victorieux de Buzancy [27-08-1870] et avec ses camarades des chasseurs d'Afrique et aux célèbres charges de Floing, il chargea lui aussi, avec sa brigade en direction de la vallée de la Semois, il perdit 50 % de son effectif, mais parvint à se reformer au nord de Mézières échappant ainsi au piège de Sedan.
En 1871, le régiment participe au siège contre la Commune.

Première Guerre mondiale [03-08-1914 au 11-11-1918]

Élément de cavalerie du 6ᵉ Corps d'Armée [général Sarail], le régiment participe aux opérations des 3ᵉ et 4ᵉ Armées du Corps de cavalerie Sorclet vers la Belgique.

Le temps n'étant plus aux charges, la cavalerie n'est plus employée que pour des reconnaissances, des liaisons, des couvertures d'avant-postes, lorsqu'elle est utilisée à cheval.

Les cavaliers passent plus de temps dans les tranchées qu'en selle. Le régiment est fractionné en escadrons divisionnaires affectés à des divisions d'infanterie et combat sur tous les fronts métropolitains.
Le régiment reçoit la Croix de Guerre [Étoile de vermeil] avec citation à l'ordre du Corps d'Armée

De 1939 à juin 1940, des Ardennes à la Normandie

©Collection privée : le colonel Lesne

La France se prépare à la guerre et en 1939, le 12e régiment de chasseurs commandé par le colonel Lesne est en garnison à Sedan. Le régiment fait partie de la 6e brigade de cavalerie sous les ordres du général Brown de Colstoun et de la 3e division de cavalerie du général Petiet.

L'adjoint au colonel Lesne est le capitaine d'Hebray de Poulzals

Le 12e régiment de chasseurs comprend 4 escadrons et chaque escadron est composé de 4 pelotons.

Chaque peloton comporte : un officier, 34 hommes et 41 chevaux.

Le 1er et le 4e escadron sont sous les ordres du commandant Richier

Le 1er escadron est sous les ordres du capitaine de Champvallier.
Le 4e escadron est sous les ordres du capitaine Bouhet.

Le 2e et le 3e escadron sont sous les ordres du commandant de Gretry

le 2e escadron est sous les ordres du capitaine Ethuin.
Le lieutenant Dorange puis Mathieu, le lieutenant Monaert, le lieutenant Clolus et enfin le lieutenant Bazaille sont sous les ordres de ce capitaine

Le 3e escadron est sous les ordres du capitaine de Masin.

©Collection famille Cauchois
– Soldats du 12ᵉ RCH creusant une tranchée dans la caserne de Sedan.

Le 28 août 1939 au soir, le régiment alerté, reçoit l'ordre d'être au lever du jour sur ces emplacements de couverture au nord-est de Sedan : de Fleigneux au Tremblois ce qui représentait environ 25 kilomètres de front.

Le 1ᵉʳ escadron est positionné près de Tremblois.

Le 2ᵉ escadron est positionné près de Pouru aux bois.

Le 3ᵉ escadron est positionné près de La Chapelle.

Le 4ᵉ escadron est positionné près de Fleigneux-Illy.

L'E.M.E [escadron de mitrailleuses réparties dans tous les escadrons du 12ᵉ régiment de chasseurs], L'E.M =l'état-major et le poste de commandement sont à Raucourt.

La mobilisation générale se poursuit dans ces cantonnements.

Les réservistes, les chevaux et les camions de réquisition complètent rapidement les effectifs du régiment.

Le 5 septembre 1939, le 12e régiment de chasseurs fait mouvement vers la région de Thionville et arrive le 9 septembre dans un secteur à l'est de Sierk.

Il quitte ce secteur le 15 septembre et le 24 septembre, la 3ᵉ division de cavalerie quitte la région de Thionville pour celle de Longwy ou elle prendra à son compte l'organisation du terrain en avant de ce secteur de la ligne Maginot.

De ce fait, dès le 6 octobre, le 12e régiment de chasseurs s'installe en avant de Longlaville, de part et d'autre de la route de Longwy-Luxembourg, avec deux escadrons et L'E.M.E en entier ; deux escadrons restant en réserve à Cutry ; creuser des tranchées, construire des abris et un réseau de fils de fer barbelé.

©Collection privée : soldat Faure du 12ᵉ régiment de chasseurs

En octobre 1939, un journaliste Roland Dorgelès, donne le titre de « Drôle de guerre » à cette période où l'armée française et allemande reste sur leurs positions. Le 12e régiment de chasseurs vit cette période comme tant d'autres régiments à attendre et essayer d'impressionner l'ennemi afin d'éviter un nouveau conflit sur le sol de France. L'état-major applique la volonté politique des élus de la France.

Le jeudi 18 janvier 1940, la 3ᵉ DLC est envoyée dans la région à l'est de Verdun pour y subir des transformations et moderniser son équipement. Le 12ᵉ régiment de chasseurs, le 11ᵉ Cuirassiers du colonel Labouche une partie du 78ᵉ d'artillerie sous le commandement du lieutenant-colonel Mailfert quittent la 3ᵉ division de cavalerie pour entrer dans la composition de la 5ᵉ division légère de cavalerie (5ᵉ DLC) sous le commandement du général Chanoine avec le 15ᵉ régiment de dragons portés du lieutenant-colonel Chaumont-Morlière et le 5ᵉ régiment d'autos mitrailleuses, du lieutenant-colonel de Woillemont.
Le 12e régiment de chasseurs est acheminé le lundi 19 février 1940 en chemin de fer et débarque dans la région au sud de Sainte-Menehould.

Le samedi 16 mars 1940, la 5ᵉ division légère de cavalerie (5ᵉ DLC) quitte la région de Sainte-Menehould pour celle de Sedan ou elle arrive au complet le vendredi 22 mars 1940.

Le 12e régiment de chasseurs s'installe dans les cantonnements suivants, bien connus par tout son personnel :
– Le 1ᵉʳ escadron sous les ordres du capitaine de Champvallier est à Floing
– Le 2ᵉ escadron sous le commandement du capitaine Ethuin est à Villers-Cernay
– Le 3ᵉ escadron sous le commandement du capitaine de Masin est à la Chapelle
– Le 4ᵉ escadron sous le commandement du capitaine Bouhet est à Illy
– L'E.M.E (l'escadron de mitrailleuses) et le PC sont à Sedan

C'est pendant cette période que le 4ᵉ escadron subit une transformation à la suite de laquelle il comprendra dorénavant 2 pelotons à cheval et 2 pelotons à bicyclette. Le régiment travaille à organiser le secteur et à établir des tranchées et des réseaux de fils de fer.

©Collection privée : le 12ᵉ régiment de chasseurs lors d'un arrêt du train.

©Collection privée : 12ᵉ régiment de chasseurs en 1938, le lieutenant Stanislas Dorange et ses élèves brigadiers à Sedan. Le brigadier Jean Cauchois sous le trait bleu, deuxième à gauche du rang n° 2 en partant du haut.

©Collection privée : 12ᵉ régiment de chasseurs en 1938.

Il complète son instruction en liaison avec les autres unités de la 5ᵉ DLC. La drôle de guerre durera jusqu'au 10 mai 1940 ou l'armée allemande envahit la Belgique et la Hollande.

Le vendredi 10 mai 1940, la 5ᵉ DLC reçoit l'ordre d'exécuter sa mission qui est d'aller au contact de l'ennemi, le plus loin possible, en territoire Belge et de ralentir sa marche vers la frontière française et la Meuse, par action retardatrice. Le 12ᵉ régiment de chasseurs, alerté à 5 heures, franchit la frontière franco-belge à 8 heures, couvert par les éléments du détachement de découverte et de la sûreté éloignée. Il atteint vers 17 heures la voie ferrée Saint-Hubert–Neufchâteau et s'installait défensivement dans le dispositif suivant :

- Escadron Bouhet - voie ferrée, lisière sud du bois de Warinsart.
- Escadron Champvallier — Libramont
- Escadron Ethuin — Saint-Pierre-la-Mouline
- Escadron de Masin — soutien d'artillerie à la cote 495 ([5 km sud-ouest de Recogne]
- L'E.M.E est reparti dans ces escadrons.

Le 2ᵉ escadron du capitaine Ethuin, fait prisonnier un équipage allemand qui a sauté en parachute.

Le samedi 11 mai 1940 à 8 h, des motocyclistes, puis des chars allemands se présente devant le peloton Bazaille du 2ᵉ escadron. Un combat violent s'engage à Libramont.
À 11 heures, l'ennemi arrive au contact du 1ᵉʳ escadron du capitaine Champvallier par des éléments motorisés très supérieurs en nombre. Disputant le terrain pied à pied et livrant un combat farouche, le régiment quitte ses positions sur ordre, vers 14 heures, par échelons, pour se porter sur de nouvelles positions sur la Semoy. Le repli est très difficile, l'ennemi va plus vite que les chevaux…

Harcelés par les avant-gardes ennemies motorisées et l'aviation, les escadrons se replient à travers bois, en combattant et, grâce à leur grande connaissance du terrain, réussissent à franchir la Semoy, à gué.
Le 1ᵉʳ et le 3ᵉ escadron, désaxés par l'intervention ennemie, rejoindront le régiment le lundi 13 mai 1940 à Connage dans un ordre parfait. Le reste du régiment [le 2ᵉ, le 4ᵉ et l'E.M.E] s'établit sur la Semoy vers 19 heures, en liaison avec le 2ᵉ bataillon du 15ᵉ régiment de dragons portés sur une ligne jalonnée par Corbion, Bouillon [sortie sud], Le Beaubru.
À la même heure, la ville de Bouillon est bombardée, les ponts sautent immédiatement après le passage du peloton du lieutenant Bazaille. Le régiment s'installe dans la forêt de Sedan, peu après la frontière. Les patrouilles allemandes, très mordantes, s'infiltrent à la faveur de la nuit.
De nombreux morts sont à déplorer.

Le dimanche 12 mai 1940, vers 5 heures l'ennemi reprend sa progression en direction de Sedan. Guderian entre dans la ville de Bouillon, et poursuit immédiatement sa route et à 10 heures franchissent la Semoy et se rabattent sur les positions de la 5ᵉ division légère de cavalerie. Conformément aux ordres donnés, le 12e régiment de chasseurs et le 2ᵉ bataillon du 15ᵉ RDP mènent l'action retardatrice prévue après avoir mis en œuvre toutes les destructions prévues. Vers 18 heures, tous les éléments du groupement sont passés au sud de la Meuse et le colonel Lesne donne l'ordre de faire sauter le pont de Bazeilles sur la Meuse.
Un nouvel ordre de repli en fin de journée derrière la Meuse et le Chiers dont on fait sauter tous les ponts, et toutes les unités de la 5ᵉ DLC gagnent de nuit leurs cantonnements de repos, des parts et d'autre du Chesne, à une trentaine kilomètres de Sedan.
Le 2ᵉ escadron franchit pour sa part la Meuse à Bazeille et il atteint Rumilly à 19 heures et tous les hommes et chevaux se reposeront à Connage.

Le lundi 13 mai 1940, le 1ᵉʳ escadron du capitaine Champvallier et le 3ᵉ escadron du capitaine de Masin rejoignent à 4 heures le régiment regroupé à Connage depuis la veille. Le 12e régiment de chasseurs fait mouvement dans la matinée vers le village de Sy en Belgique.

© Collection de la famille de Jean Cauchois : 12ᵉ régiment de chasseurs à Sedan.

© Collection de la famille de Jean Cauchois : 12ᵉ régiment de chasseurs à Sedan.

À 13 heures, le village est bombardé par des avions. Pendant cette journée, la 5ᵉ D.L.C, la consacre au repos du personnel épuisé par trois journées de combats d'arrière-garde ininterrompues, à la réparation du matériel et aux approvisionnements en armes et en munitions. Toute la journée, le harcèlement aérien ne cessera pas.

À 21 heures, la 5ᵉ DLC reçoit l'ordre de se porter, au cours de la nuit, malgré l'obstruction des routes par les convois militaires et l'exode des réfugiés, sur le canal des Ardennes, longé par la Bar et de garder les points de passage de Donchery à Chemery. La mise en place sera très difficile. À la même heure, le 2ᵉ escadron du 12e régiment de chasseurs forme une ligne de défense le long de la Bar et du canal des Ardennes. À minuit, il se met à nouveau en marche pour une nouvelle mission, tenir le pont qui relie Malmy à Chemery. Le peloton du lieutenant Bazaille s'installe au sud de Malmy.

Le mardi 14 mai 1940, la percée allemande est très importante et les troupes situées en Belgique sont encerclées. L'aviation française essaye d'arrêter les blindés allemands au sud de Sedan, elle se sacrifie, mais rien ne fait, les blindés allemands continuent d'aggraver une brèche parmi les troupes françaises et alliées qui ne sera jamais colmatée… ce jour-là, la guerre est considérée comme perdue… mais pas la volonté des soldats, car ils résistent farouchement à l'envahisseur.

À 5 heures, le dispositif du régiment sur la Bar s'établit ainsi :
- Escadron Ethuin à Malmy
- Escadron de Masin au hameau d'Ambly
- Escadron Bouhet à la Gassine
- Escadron de Champvallier à Vendresse
- L'escadron des mitrailleuses est réparti dans les quatre escadrons.

Vers 8 heures, l'ennemi cherche à forcer le passage et, venant de Donchery-St-Aignan, s'engage dans le bois d'Omicourt.

©Collection privée : officiers du 12ᵉ régiment de chasseurs en 1936.

© Collection famille Auger.

Un grand nombre de chars ennemis est signalé ensuite vers Chemery, venant dc Bulson. Le but de la 5e DLC est de défendre toujours le canal des Ardennes afin d'empêcher l'armée allemande de s'étendre à l'est et de prendre à revers la ligne Maginot. Les escadrons du capitaine Ethuin et de Champvallier reçoivent le choc principal ; ils s'accrochent au terrain, ralentissent l'action ennemie non sans subir eux-mêmes des pertes considérables (sous-lieutenant Moenaert, adjudants Baijot, Bazart, Marsy, les cavaliers Delefosse, Péon, Meunier, Fregart). Vers 14 heures, l'ordre de repli est donné ; le régiment passe en réserve et s'installe pour la nuit à Marquigny.

Le mercredi 15 mai 1940, à partir de 8 heures, le régiment occupe une ligne jalonnée par les bois nord de Lametz-longwé.

Le jeudi 16 mai 1940, vers 5 heures, le régiment reçoit l'ordre de couvrir le repli des éléments de la brigade Gaillard sur la ligne Lametz-Longwé. Après le décrochage, il passe l'Aisne à Semuy puis se regroupe dans les bois au sud de Pauvres.
Le même jour, ordre est donné, vers 22 heures, de porter le régiment sur l'Aisne, près de Vouziers et de s'installer face à l'ouest.

Le vendredi 17 mai 1940, après une marche de nuit difficile et la traversée de Vouziers en flammes, à 9 heures le dispositif du régiment est le suivant :
- Escadron de Masin
- Escadron de Champvallier
- Escadron Bouhet
- Escadron Ethuin — en réserve dans le bois Primat.
- L'E.M.E est réparti entre les escadrons.

© Collection de la famille de Jean Cauchois : 12ᵉ régiment de chasseurs à Sedan.

Bien que les effectifs soient réduits en raison des pertes subies en hommes et matériel, les escadrons organisent la position. Un travail intensif est opéré durant les journées, du samedi 18, dimanche 19, lundi 20 et mardi 21 mai 1940. L'approvisionnement en munitions et en armes automatiques est opéré. Le capitaine de Gretry est nommé au commandement du 1ᵉʳ groupe d'escadrons, en remplacement du commandant Richier, fait prisonnier près de Bouillon. Le lieutenant Marzloff est nommé au commandement de l'E.M.E (Escadron de Mitrailleuses et d'Engins d'accompagnement).

Le mercredi 22 mai 1940, la 5ᵉ DLC reçoit une nouvelle mission et par voie de conséquence, le 12e régiment de chasseurs quitte l'Argonne pour se porter, par marches forcées, sur la Somme. Précédée par la brigade motorisée qui dès le 25 mai était engagée sur la Somme, la brigade à cheval (12e régiment de chasseurs et 11ᵉ Cuirassiers), forçant les étapes pendant les journées des jeudi 23, vendredi 24, et samedi 25 mai, arrive le dimanche 26 mai 1940, avant le lever du jour, à Senlis. Le régiment bivouaque dans les bois de la Haute-Pommeray (à 5 km au nord-ouest de Senlis). Il couvre 270 kilomètres en 3 jours, cet effort a pu être demandé malgré les fatigues, le manque de sommeil, les marches de nuit, grâce au dévouement, à l'abnégation, à la discipline qui animait hommes et gradés.

Le lundi 27 mai 1940, deux escadrons de marche sont formés avec des soldats pris dans les cinq escadrons du régiment. Ils sont respectivement commandés par le capitaine Bouhet et le capitaine Ethuin et constituent un groupe d'escadrons sous les ordres du capitaine de Gretry, faisant fonction de chef d'escadrons. Le même jour, des camions les transportent pour renforcer la défense de la Somme.

Le mardi 28 mai 1940, le groupe d'escadrons de Gretry, avec un groupe d'escadrons similaire du 11ᵉ Cuirassiers, entre dans la formation d'un régiment de marche, sous les ordres du colonel Labouche du 11ᵉ Cuirassiers. Enfin, ce régiment est incorporé dans le dispositif de la 5ᵉ DLC. Les éléments du 12e régiment de chasseurs tiennent : l'escadron Ethuin : Estreboeuf, Catigny ; l'escadron Bouhet : Mons Boubert.

Le mercredi 29 mai 1940, des tentatives sont faites pour atteindre la rive sud de la Somme. Des reconnaissances vont tâter la ligne ennemie. C'est au cours d'une de ces actions que le lieutenant Duchesne est grièvement blessé aux jambes et évacué. Toute progression est interdite sur le front de l'escadron du Capitaine Ethuin et Ribeauville, le bois de Boismont et Bretel étant très fortement occupé. Devant l'escadron du Capitaine Bouhet, la défense ennemie est surprise par le peloton de la Chapelle qui progresse et occupe sur la somme la localité de Saigneville où il est rejoint par l'escadron Destremeau du 11ᵉ régiment de cuirassiers. Ces deux unités sont soumises, dans le village, à un très violent tir de mortiers et à une très forte pression ennemie, mais s'y maintiennent résolument. Dans la soirée du jeudi 30 mai 1940, le groupe d'escadrons de Gretry est relevé par des hommes de la 51ᵉ Highland Division du général Victor Fortune.

Il s'installe au repos le 31 mai dans la région d'Hambures-bosc-Geffroy, à l'est de Longinières.

Il est rejoint par les éléments restés à cheval du régiment, qui très amoindrit par le manque d'hommes (1 homme pour 3 chevaux) ont fait mouvement très lentement du mardi 28 au jeudi 30 mai 1940, de la région de Senlis à celle de Bosc Geffroy. Ces deux unités sont soumises, dans le village, à un très violent tir de mortiers et à une très forte pression ennemie, mais s'y maintiennent résolument.

Du vendredi 31 mai 1940 au mercredi 5 juin 1940, la 5ᵉ DLC est placée en réserve d'armée pour être employée soit vers Abbeville, soit vers Amiens, selon les circonstances, les unités se reposant, en attendant la ruée de l'ennemi vers le sud, que chacun sent imminent.

Le mercredi 5 juin 1940, le régiment reçoit l'ordre vers 13 heures, de se porter sur la Bresle à Aumale et de tenir les rives ouest de cette rivière. Après avoir donné les ordres d'exécution et fait les reconnaissances, la position du régiment était la suivante au lever du jour du 6 juin 1940 :
- Escadron du capitaine Bouhet : la route à l'ouest d'Aumale.
- Escadron du capitaine Ethuin : à Villiers
- Escadron du capitaine de Champvallier : à Roupied.

La journée est employée à l'organisation de ces points d'appui. Le régiment, appuyé par une batterie d'artillerie, effectue des tirs efficaces sur des infiltrations et des rassemblements ennemis signalés par les escadrons.

Le vendredi 7 juin 1940, la poussée ennemie s'accentue et à 11 heures, la 5ᵉ DLC doit attaquer en direction de Thieulloy l'abbaye, pour colmater le front. L'heure H est fixée à 13 heures. Le premier objectif est la voie ferrée Aumale-Abancourt, le 12e régiment de chasseurs part plein d'enthousiasme et l'atteint sans incident.

À 16 heures, l'ordre est donné de retourner aux anciennes positions sur la Bresle.

Dans la matinée du samedi 8 juin 1940, l'ennemi pénètre dans les bois à l'est de la Bresle. Des tirs d'artillerie sont exécutés devant le front des escadrons Bouhet et Ethuin et retardant ainsi, l'avance de l'ennemi. Les éléments ennemis sont arrêtés par les feux d'armes automatiques, ils ne progresseront plus avant le lendemain. À 22 heures, le régiment, couvert sur son flanc droit par des unités de la 2ᵉ D.L.C, se replie en ordre.

Le dimanche 9 juin 1940, le 12e régiment de chasseurs s'établit sur de nouvelles positions au sud de Neufchâtel-en-Bray. L'ennemi est signalé vers 15 heures sur les rives est de la Béthune.

À 23 heures, l'ordre est donné au régiment de se porter aux lisières est de la forêt de Saint-Saëns.

©Collection famille Cauchois : Jean Cauchois et son cheval « Hableuse » à Sedan.

Le lundi 10 juin 1940, à 5 heures, le dispositif du régiment est le suivant :
- 2ᵉ groupe d'escadrons : à Pomme Reval
- 2ᵉ et 1ᵉʳ escadron : à la lisière-est de la forêt de Saint-Saëns.
-

À 10 heures, ordre est donné de barrer la coupure de la Varenne. Les unités se porteront sur leurs nouveaux emplacements non sans difficulté, l'ennemi étant signalé à Bellencombre et déployant beaucoup d'activité.

À 12 heures, le dispositif est le suivant :
- Escadron Bouhet : à Saint-Hellier.
- Escadron de Champvallier
- Groupe d'escadrons de Gretry : à crête sur Orival.
L'ennemi augmente sa pression vers Bellencombre et vers 14 heures des engagements ont lieu, en particulier contre l'escadron du capitaine Ethuin.

À 15 heures, le régiment reçoit l'ordre de se porter vers Beauney où une nouvelle mission doit lui être confiée. L'escadron Bouhet reste à Saint-Hellier jusqu'à 20 heures pour couvrir le mouvement. Il rejoindra Veules-les-Roses, le mardi 11 juin 1940 dans la matinée [1]*.

À 20 heures, le régiment reçoit une mission en direction de Doudeville–Etoutteville. Cette mission sera arrêtée en cours d'exécution, l'ennemi très supérieur en nombre se faisant de plus en plus présent. Le PC de la division, installé à Beaumont se déplace vers le nord et au cours de la nuit, tous les éléments de la division font mouvement vers Saint-Valery-en-Caux.

(1) Le rapport détaillé à partir du lundi 10 juin 1940 du capitaine Bouhet est présenté dans ce livre.

©Collection privée : le peloton des maréchaux-ferrants du 12ᵉ Chasseurs en 1936.

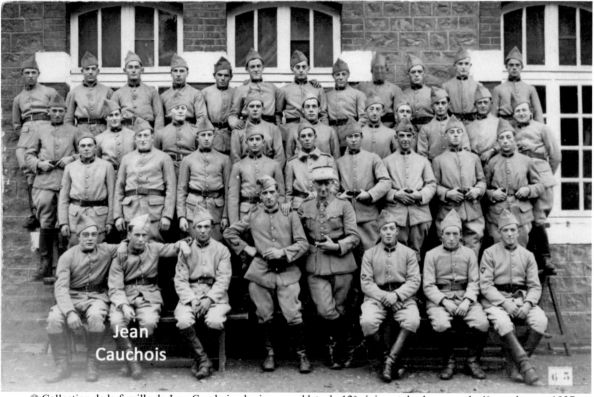

© Collection de la famille de Jean Cauchois : les jeunes soldats du 12ᵉ régiment de chasseurs du 4ᵉ escadron en 1937.

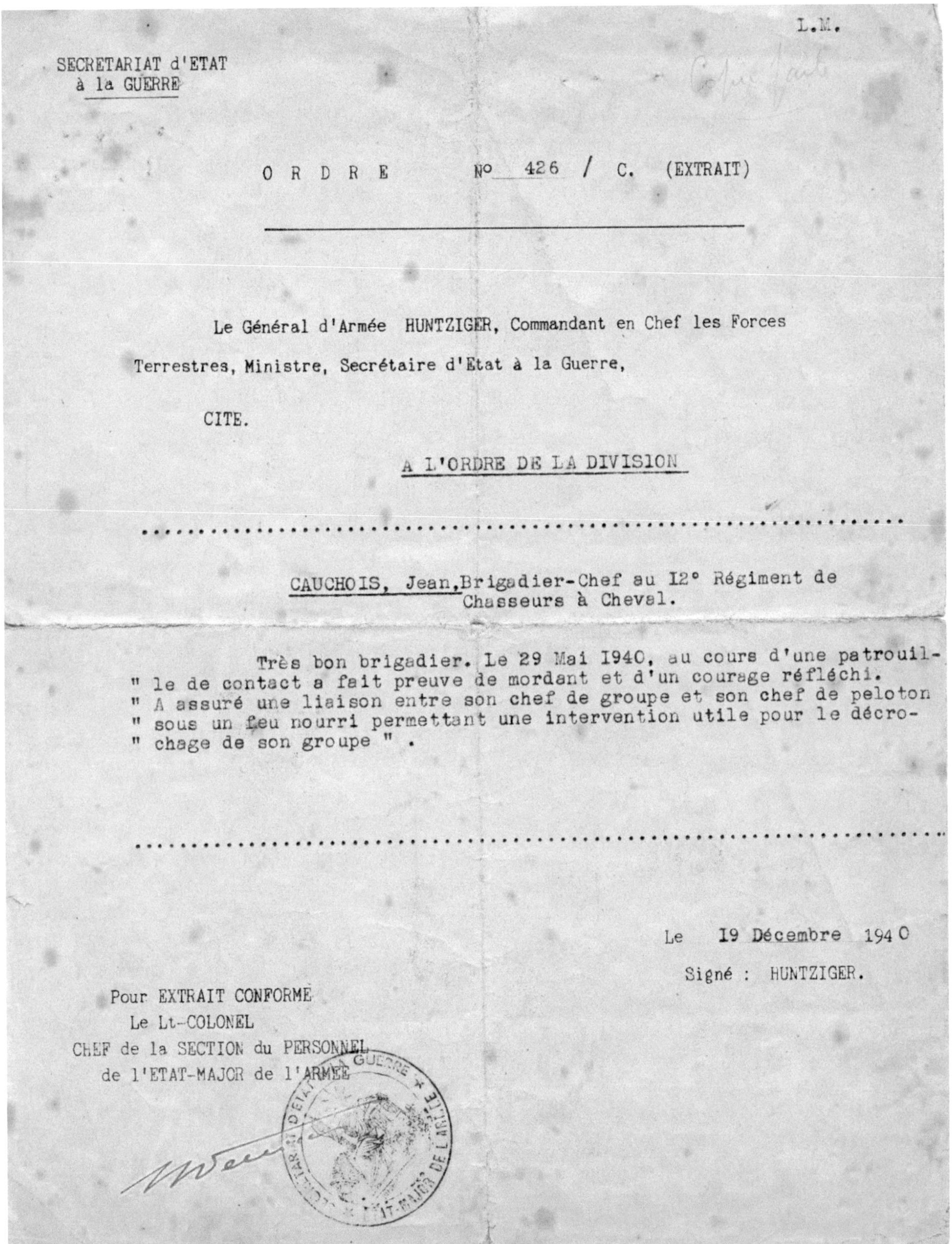

SECRETARIAT d'ETAT
à la GUERRE

O R D R E   N° 426 / C. (EXTRAIT)

Le Général d'Armée HUNTZIGER, Commandant en Chef les Forces

Terrestres, Ministre, Secrétaire d'Etat à la Guerre,

CITE.

A L'ORDRE DE LA DIVISION

. . . .

CAUCHOIS, Jean, Brigadier-Chef au I2° Régiment de
Chasseurs à Cheval.

Très bon brigadier. Le 29 Mai 1940, au cours d'une patrouil-
" le de contact a fait preuve de mordant et d'un courage réfléchi.
" A assuré une liaison entre son chef de groupe et son chef de peloton
" sous un feu nourri permettant une intervention utile pour le décro-
" chage de son groupe " .

. . . .

Le   19 Décembre 1940

Signé : HUNTZIGER.

Pour EXTRAIT CONFORME
Le Lt-COLONEL
CHEF de la SECTION du PERSONNEL
de l'ETAT-MAJOR de l'ARMEE

© Collection famille Cauchois : document du 19 décembre 1940, signé du général Huntziger, à propos du fait d'armes du brigadier-chef Jean Cauchois.

© Collection famille de Jean Cauchois : cavalier du 12ᵉ régiment de chasseurs.

© Collection de la famille de Jean Cauchois : 12e régiment de chasseurs à Sedan.

© Collection de la famille de Jean Cauchois : 12e régiment de chasseurs à Sedan.

Le mardi 11 juin 1940, le régiment se regroupe à 6 heures à Saint-Valery-en-Caux avec les éléments de la 5e DLC

Le 12e régiment de chasseurs participe à la défense de la tête de pont qui englobe Saint-Valery-en-Caux et Veules-les-Roses.

Ses escadrons organisent des points d'appui.

- Escadron Bouhet à Veules-les-Roses (4e escadron)
- Escadron de Masin et de Champvallier à Sainte-Colombe (3e et 1er escadron)
- Escadron Ethuin à Ermenouville (2e escadron)

Vers 14 heures, une division blindée passe à l'attaque sur tout le front de la tête de pont.

© Collection famille Morel

Daniel Morel

Né le 5 mars 1918 à Andainville, dans la Somme. Il est domicilié à Andainville.
Il est de la classe 38, matricule 1445, recrutement Amiens.

Daniel Morel est affecté au 1er escadron du capitaine de Champvallier du 12e régiment de chasseurs à cheval stationné à Sedan (Ardennes).

Sous les drapeaux à l'entrée en guerre en septembre 1939. Il participe à toute la campagne de mai et juin 1940.

Il est tué au combat dans la plaine de Sotteville-sur-mer, le 11 juin 1940.

Il repose au cimetière d'Andainville.

Le combat fait rage et tous résistent avec une énergie farouche.
À 18 heures, l'ennemi reprend son attaque et repousse les éléments de la 51e division écossaise.

Les unités allemandes réussissent à atteindre l'ouest de Saint-Valery-en-Caux (du hameau du Tôt à la falaise d'aval). Vers 21 heures, l'ennemi déclenche un bombardement d'artillerie sur toute la ligne. Les escadrons résistent vaillamment et maintiennent leurs positions. Les liaisons deviennent de plus en plus difficiles, les routes étant coupées et les villages en flammes.

Le mercredi 12 juin 1940, le combat reprend acharné dès le lever du jour, le bombardement ennemi reprend. C'est au cours de cette matinée que le lieutenant Stanislas Dorange trouve la mort avec 6 officiers du 11e cuirassier, dont le colonel George Labouche, commandant ce régiment. Au niveau du boulevard des Belges à Saint-Valery-en-Caux.

© Blason de la ville de St Valery-en-Caux

Marcel Modard

Né le 25 octobre 1918 à Pleine-Sève (Seine-Maritime).
Il réside à Pleine-Sève.

Il est sous les drapeaux (classe 1938) à l'entrée en guerre en septembre 1939. Il est affecté au 12e régiment de chasseurs à cheval stationné à Sedan (Ardennes), dans le 4e escadron du capitaine Bouhet, et du 4e peloton de l'adjudant Gilbert.

La blessure

Au cours de cette journée du mardi 11 juin 1940, le chasseur Marcel Modard, s'écroule, touché à la poitrine. Alors qu'il gît sur le sol, un char allemand lui passe à quelques centimètres de sa tête, écrasant de ses chenilles une partie de son casque (*renseignements communiqués par Michel JOURDAIN, ancien maire de Pleine-Sève*).

Gravement touché, Marcel est pris en charge par les services de santé sur le terrain puis acheminé vers un poste de secours. Cette grave blessure lui ôte tout espoir de fuite vers l'Angleterre ! La guerre est terminée pour lui.

Évacué, Marcel sera soigné dans un hôpital, mais conservera cependant de graves séquelles des blessures reçues à Veules-les-Roses.

Enfin rétabli, il se marie à Pleine-Sève le 19 janvier 1946 avec Lucienne Leroux.

Toutefois affaibli par ses blessures de guerre, il s'éteint le 29 août 1951 à l'hôpital de Rouen. Il repose au cimetière de Pleine-Sève.

MODARD Marcel

© Collection famille de Marcel Modard

Le 2ᵉ escadron du capitaine Ethuin à Ermenouville

Par suite du manque de munitions qui se fait lourdement sentir depuis la veille, le général commandant le 9ᵉ corps d'armée [le général Marcel Ihler] engage des pourparlers avec le général commandant la division blindée ennemie.

Ce général n'est autre que le général Rommel.

L'ordre de cesser le feu est donné à Saint-Valery-en-Caux à 8 heures.

©Collection NARA : le général Erwin Rommel et le général Marcel Ihler à Saint-Valery.

Cet ordre ne parviendra aux unités de Sainte-Colombe, Neville, Ocqueville et d'Ermenouville que très tard dans la matinée.

À Ermenouville, le 2ᵉ escadron va livrer un combat héroïque afin de favoriser un embarquement des troupes écossaises et françaises dans le petit port de Saint-Valery-en-Caux.

Le capitaine Ethuin avait pour mission de défendre Ermenouville en liaison avec le village de Houdetot ou les Écossais de la 51ᵉ Highland Division et les chasseurs alpins étaient positionnés.

Il était aussi en liaison avec le village de Sainte-Colombe avec le 11e régiment de cuirassiers et le 1er et le 3e escadron du 12e régiment de chasseurs. Il dispose d'un canon de 75 mm et d'un canon de 47 mm.

Voici les faits racontés par le capitaine Ethuin :
« J'arrive à Ermenouville à 13 h 30, en compagnie du lieutenant Clolus.
Je fais la reconnaissance du terrain pendant que l'escadron se prépare pour le combat à pied.
Les missions sont rapidement données.
L'installation des pelotons est organisée et vers 17 heures, je suis prêt à toute éventualité.

© Photographie de l'auteur : ce monument situé à Ermenouville a été érigé en juin 1990, sous l'impulsion du Sénateur Geoffroy de Montalembert, en l'honneur du 12e régiment de chasseurs et de la 51e Highland Division.

Un de mes observateurs me signale la présence d'éléments probablement ennemis dans les blés, à quelque cent mètres du village. Ces éléments se dissimulent et progressent, vers les lisières des champs de blé.

J'en conclus à une prochaine attaque de l'ennemi et explique à Clolus qu'une action rapide menée avec deux groupes de combat permettrait de faire des prisonniers et aurait surtout pour effet de retarder cette attaque.

Le lieutenant Clolus me dit être volontaire pour mener cette action.
Il se porte avec ses deux groupes de combat sur les éléments avec brio.
L'ennemi est pris au dépourvu, et recule, affolé, sous le tir des fusils mitrailleurs et plusieurs Allemands restent sur le terrain.
Au cours de cette action, le brigadier Rubeinstein et le cavalier Cirulnick ne reviennent pas.

Le lieutenant Clolus ramène rapidement son monde sur le point d'appui et me rend compte que les éléments ennemis cherchent le contact en tenue légère armé de pistolets uniquement. Je m'attends à une attaque toute proche. Quinze minutes plus tard, un tir d'un canon de 105 mm allemand est déclenché sur le village. Des éléments progressent dans les seigles et les blés.

Puis vers 18 h 30, une nouvelle action d'artillerie et de mortiers est suivie d'une attaque, nos feux sont bien précis et bien commandés. L'ennemi ne peut atteindre le village en aucun point.
Une nouvelle attaque sera tentée vers 20 h 30, elle subira le même sort. Toutefois, vers 22 heures, après un combat violent, l'ennemi prendra pied dans la partie est du village, mais il ne pourra prétendre à progresser plus loin. Vers 3 heures du matin, l'ennemi cherchera de nouveau à progresser sans y parvenir.

Vers 23 heures, j'avais demandé au sous-lieutenant d'artillerie Jeu qui disposait d'un tracteur tout terrain de me faire une liaison avec le PC du colonel de Woillemont, et par la même occasion, d'évacuer plusieurs blessés graves. Cet officier avait pour mission de revenir avant le jour, il ne revint pas. Plus tard, j'apprendrai de lui-même qu'à son arrivée au PC du colonel, on lui avait fait part d'un ordre de repli général transmis à tous les commandants de points d'appui. Hélas, cet ordre ne m'était pas parvenu.

Vers 7 h 15, j'envoyais un nouveau message au PC du colonel de Woillemont : *« L'ennemi avait renoncé à poursuivre son attaque dès 22 heures, nuit calme. Ce matin, l'ennemi ne réagit pas. Quelle est la situation de mes voisins ? Si la situation le permet, me donnerez-vous l'ordre de repli ? Désirez-vous que je vous envoie le même agent de liaison jusqu'à présent, je tiens parfaitement. Je ne puis réaliser de jour une liaison avec le 1er et le 3e escadron, mais je pourrais le faire la nuit prochaine en passant par vous. Hier soir, j'ai profité de la voiture du sous-lieutenant Jeu pour vous adresser un compte-rendu et évacuer les blessés. Il devait me rapporter les renseignements que je vous demandais, mais je ne l'ai pas revu ».*

Ce message fut porté par le maréchal des logis Legrand.
Ce sous-officier passant par l'itinéraire indiqué tombera dans les mains de l'ennemi à Sainte-Colombe. Les escadrons du capitaine Champvallier et du capitaine Masin l'avaient quitté au cours de la nuit.
Pendant ce temps, l'ennemi attaque à nouveau. Malgré les pertes sensibles enregistrées, l'escadron tient admirablement, persuadé que les voisins font de même. Vers 9 h 30, un de mes observateurs me signale la progression d'éléments à pied de Sainte-Colombe à Cailleville.

Je me rends compte personnellement de cet état de choses, et je constate que ce sont des éléments ennemis. Je prends aussitôt des dispositions pour me porter au village de Mesnil-Durdent. Le mouvement par échelons s'exécute en ordre. L'ennemi est tenu en respect par une arrière-garde commandée par le lieutenant Bazaille.
Un feu assez violent d'armes automatiques se révèle successivement, d'abord en provenance de la route d'Ermenouville au Mesnil-Durdent, puis de la route de Sainte-Colombe à Cailleville.
La formation dispersée adoptée permet de progresser presque sans perte. J'approche du Mesnil-Durdent par un petit vallonnement et j'espère y arriver encore avant l'ennemi.

Hélas ! Le village est tenu par lui, de tous côtés, des tirs d'infanterie arrivent. D'autre part, des engins blindés venant de Sainte-Colombe prennent à partie les éléments en marche dans les champs de blé.
Cela prend tournure au massacre. Il n'y a plus qu'une solution : celle de demander de faire cesser cette boucherie.

©Collection privée : cavalier du 12ᵉ régiment de chasseurs à la caserne de Sedan. On peut voir son sabre sur le côté du cheval et le fusil en bandoulière.

Quelques ennemis, après avoir tiré plusieurs rafales d'armes automatiques dans ma direction et se trouvant à peine à 25 mètres de moi font des gestes incompréhensibles, mais voulant certainement dire : « *Venez par ici !* »

Le sous-lieutenant Launay est auprès de moi. Je fais mettre les baïonnettes au canon aux hommes qui sont avec nous et avec le sous-lieutenant Launay nous déchargeons nos revolvers sur l'ennemi.

Les hommes n'en peuvent plus. Depuis le 8 juin 1940, ils n'ont pas eu quatre heures de sommeil. Jugeant la situation désespérée et considérant qu'une résistance plus longue ne servira à rien, je saute résolument par-dessus un talus, suivi du brigadier-chef Hubert, lequel tombe, frappé en pleine poitrine. Je me trouve alors à dix pas d'un gradé allemand, un sous-lieutenant, je m'approche de cet officier qui me fait savoir, en français, que son capitaine arrive.

Pendant ce temps, le sous-lieutenant Launay m'a rejoint avec les hommes qui nous accompagnaient. À L'arrivée du capitaine, je lui demande aussitôt de faire cesser le feu sur les autres éléments de mon escadron, ainsi que sur Bazaille et Clolus traqués par des engins blindés. L'ennemi m'apprend que Saint-Valery-en-Caux a mis bas les armes depuis 8 heures du matin. D'autre part, un officier de renseignement ennemi envoyé par le commandement de l'attaque me félicite pour la résistance rencontrée à Ermenouville et me dit : « *c'est à Ermenouville que nous avons rencontré la plus sérieuse résistance* ».

Il est 11 h 30, ce 12 juin 1940. Je suis autorisé à réunir mes hommes, afin que je puisse les féliciter pour leur belle conduite au feu, et surtout les remercier de l'effort extraordinaire qu'ils ont fourni depuis le 10 mai. Mes derniers mots sont pour leur dire qu'ils ont bien mérité de la patrie.
Ainsi se termina une campagne malheureuse, mais au cours de laquelle la cavalerie y engagea des combats héroïques. Ce combat d'Ermenouville coûtait au 2e escadron déjà réduit à 90 hommes sur 160 au départ le 10 mai, 12 tués, 14 blessés et 14 disparus, c'est-à-dire à peu près la moitié de ses effectifs.

©Collection privée : photographie du cimetière militaire de Saint-Valery juste après la fin de la guerre en 1948 où sont inhumés la majorité des soldats tués durant la seconde guerre mondiale entre 1940 et 1944, dans les environs de Saint-Valery.

(1) Ce récit du capitaine Ethuin a été écrit dans un camp de prisonniers à Weinsberg, OFLAG VA

Le brigadier Marcel Lavenu

© Famille Lavenu : Marcel Lavenu en 1945 et en 1939.

Marcel Lavenu est un Normand intégré dans le 12e régiment de chasseurs. Il est brigadier dans le 2e escadron du capitaine Ethuin et du peloton du lieutenant Bazaille.

Il nous relate les combats dans le village d'Ermenouville :
« J'étais dans le 2e escadron du capitaine Ethuin et en fin d'après-midi du 11 juin 1940 nous arrivions à Ermenouville.

Les Allemands étaient déjà autour du village.

Dans la cour de la ferme de monsieur Affagard, notre capitaine Ethuin nous donne l'ordre de desseller et de débrider nos chevaux. Je fus triste de laisser partir ma jument.

Elle avait été mon compagnon de combat, elle appartenait au colonel Lesne à la caserne de Sedan.

En 1939, elle m'a été confiée, elle avait été de tous les replis, de toutes les batailles, la Belgique, le 10 mai, puis la forêt des Ardennes, Sedan, Malmy, le 14 mai Vendresse, la Somme (eu) et pour finir, la dernière attaque d'Ermenouville.

Le capitaine Ethuin avait placé ses hommes sur une ligne de front de 100 mètres. Je devais attendre avec mon fusil-mitrailleur au pied d'un talus.
Dans la nuit, les Allemands ont envoyé des balles incendiaires sur des bâtiments recouverts de chaume.

81

PELOTON DU 12e RÉGIMENT DE CHASSEURS EN 1939

Copyright: famille LAVENU (Marcel LAVENU est le 2ème à gauche en bas de la photographie, face au fusil)

Plusieurs de nos hommes ont été touchés, car nos casques brillaient à la lueur des flammes. La nuit a été très mouvementée pour nous ainsi que pour la population du village.

Vers minuit, le capitaine cria : *"Baïonnette au canon"*, mais je ne crois pas qu'il y ait eu de corps à corps. Le lendemain matin, le 12 juin 1940, le capitaine donna l'ordre au lieutenant Bazaille de préserver son repli sur Sainte-Colombe.

Avec mon chargeur, je devais aider le lieutenant Bazaille à effectuer sa mission.

Il fallait arrêter les Allemands, pour cela, nous devons contourner le mur d'enceinte du jardin de Monsieur de Montalembert.
Arrivés à l'encoignure, nous avons reçu une rafale. Je me suis mis à plat ventre au pied d'un arbre et j'ai riposté.

Il fallait tirer à vue, car les munitions se faisaient rares.
Ayant tiré la dernière rafale, on est parti rejoindre les autres qui étaient déjà loin !

Avec mon fusil mitrailleur qui pesait 25 kg, j'étais le dernier. Alors j'ai dévissé la clavette d'assemblage, jeté le canon d'un côté et la crosse de l'autre.
Nous avons rejoint les autres auprès d'un petit bois, au-dessous de Sainte-Colombe, à cet endroit j'ai déposé une grenade.
Ensuite, les automitrailleuses allemandes sont arrivées sur nous et mon camarade Dumanche qui m'avait sauvé la vie sur la Somme marchait à mes côtés, il avait encore son fusil mitrailleur, il a épaulé, et tiré sur l'auto mitrailleuse en criant : *"Mon lieutenant, on ne se rend pas !"*. Aussitôt, il a été abattu, ce fut la fin.

On a marché vers Sainte-Colombe devant les automitrailleuses et près d'une maison à colombages nous nous sommes arrêtés.

Les Allemands nous ont mis le dos au talus.

Puis devant chaque soldat français, un Allemand avec son arme au pied, fut posté, nous allons être fusillés.

Nous ne savions pas que notre état-major de Saint-Valery s'était rendu à 8 heures ce matin.

Le capitaine avait envoyé un agent de liaison pour nous avertir, mais ce dernier n'est jamais revenu.

Nous avions donc continué le combat par manque d'information.

Les Allemands nous prenaient donc pour des résistants.

Heureusement, un officier allemand comprenant que nous avions été coupés de toutes relations avec notre état-major demandait à parler à notre capitaine :
« Ces hommes sont à féliciter, ils ont fait leur devoir ».

C'est ainsi que nous avons été graciés.

La bataille d'Ermenouville restera gravée dans nos mémoires.

Sur un escadron de 160 hommes, nous n'étions plus que 50 hommes ». (1)

(1) – *Récit de Marcel Lavenu recueilli par l'auteur.*

© Collection privée : le capitaine Ethuin

Le capitaine Georges Bouhet et le 4e escadron à Veules-les-Roses

©Collection privée : le capitaine Georges Bouhet.

Le lundi 10 juin 1940, le 4e escadron du 12e régiment de chasseurs est composé de 2 officiers, le capitaine Bouhet et le lieutenant de Tassigny, un groupe de commandement au complet et de 3 pelotons dont 1 à bicyclettes. Ce qui représente en tout 110 hommes sur 182 au départ.

En tant que commandant le 4e escadron du 12e régiment de chasseurs, le capitaine Georges Bouhet nous relate la situation et les opérations qui se sont déroulées entre le 10 juin et le 12 juin 1940 dans le Pays de Caux et finalement à Veules-les-Roses.

Le lundi 10 juin 1940, le capitaine Bouhet reçoit l'ordre écrit suivant : « *Par ordre du général de division, le 12e Chasseurs, reçoit l'ordre de se porter immédiatement dans la région Ouville-Vibeuf pour y former une tête de pont face au Sud (Yerville).*

Le 4e escadron couvrira le mouvement du régiment en tenant Saint-Hellier, le plus longtemps possible. Dans le cas où il serait trop pressé par l'ennemi se replier sur l'itinéraire et axe, de décrocher de toute façon à la nuit, avec l'itinéraire Saint-Hellier – Heugleville-Bennetot-Vibeuf-Ouville ».

Saint-Hellier situé à l'ouest de la Varenne a deux ponts, un autre passage se trouve à 500 mètres, au nord de la rivière, est un obstacle aux chars, mais non aux hommes à pied et peut-être facilement aménagés.

Le 4e escadron est attaqué à 20 heures, le capitaine Bouhet nous en apporte la description :
« J'avais récupéré 2 chars en état de marche dont un seul dont le canon fonctionnait provenant du 2e régiment d'artillerie de montagne.

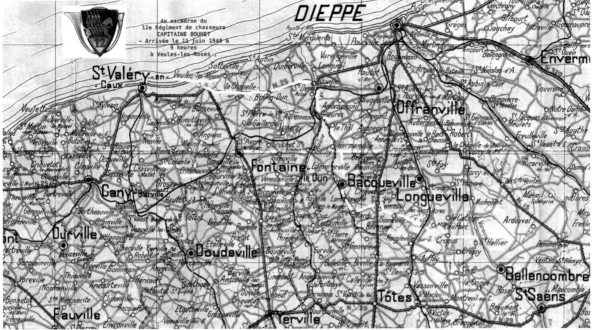
©Plan du parcours du 4e escadron du capitaine Bouhet entre St Hellier et Veules-les-Roses.

J'avais placé un char en embuscade derrière le pont principal barricadé, l'autre à la sortie-ouest du village.

À 20 h, mes éclaireurs virent deux cavaliers sur la route Bellencombre-Marchedent, venant du sud nous avertissant que des civils arrivent vers notre position. Dix minutes après, des civils en tenue bleue d'ouvrier portant des petits paquets à la main défilèrent devant notre barricade sur la route contiguë à droite et à 100 mètres à l'est de la barricade. J'ai tout lieu de croire que ces civils étaient des Allemands déguisés, car au moment de l'attaque des coups de feu partirent du nord de St Hellier.

Dix minutes après leur passage l'attaque se déclencha par des fantassins qui avaient d'être amenés en camion, mais dont je ne pouvais voir le débarquement par suite des arbres bordant le ruisseau. L'attaque se réduisit à une violente fusillade d'armes automatiques, accompagnée de mortiers, le tout orchestré de plusieurs fusées. Cette attaque fut facilement contenue par mes pelotons. À 21 h, craignant que l'ennemi ne coupe ma retraite par le Sud et en raison des ordres reçus ci-dessus, je donnai l'ordre de repli. Le repli s'exécuta en bon ordre sous la protection des chars.

Je savais que le 11e régiment de cuirassiers du colonel Labouche avait été fortement bousculé dans l'après-midi à Bellencombre, que l'ennemi tenait Tôtes à 14 h, mais que, par contre, une Flanc-garde à nous tenait Biville. Je me dirigeai sur Auffay dans la formation suivante : très en avant de moi mon motocycliste (le cavalier Viguerard) qui était chargé d'aller de village en village donner le premier coup de sonde.
En avant-garde, une patrouille cycliste, sous les ordres du maréchal des logis Martin suivi d'une patrouille à cheval. Le tout sous le commandement du maréchal des logis-chef Cornée. Le reste de l'escadron sous les ordres du lieutenant de Tassigny avec les 2 chars en queue protégés par quelques cavaliers en arrière-garde. Par renseignements d'habitants, j'apprenais qu'Auffay était tenu. Je faisais reconnaître Heugleville-sur-Scie qui était également tenu. Je me dirigeai sur Gonneville-sur-Scie qui était libre, mon avant-garde dut faire demi-tour dès la sortie-sud de Gonneville.

©Jean Cauchois à gauche avec deux cyclistes et deux soldats gradés du 12ᵉ Chasseurs.

Je me dirigeai donc sur Belmesnil puis sur Bacqueville-en-Caux où là je trouvai le D.C.R de ma division qui aiguillait la colonne vers le Nord. Je suivis la foule jusqu'à St Denis d' Aclon en remontant une colonne motorisée qui avançait à 2 km à l'heure par suite de l'embouteillage de véhicules autos et hippomobile et de fantassins. Mes cyclistes suivaient bien que difficilement et ce fut pour eux une étape extrêmement pénible. Les chevaux suivaient remarquablement. Seuls 3 cavaliers à bicyclette s'égarèrent dans la nuit. Ayant à St Denis d' Aclon le renseignement que Dieppe était occupé par l'ennemi, je me dirigeai sur Saint-Valery-en-Caux.

– Mardi 11 juin 1940
« L'escadron arrivait à 9 h à Veules-les-Roses. Là, le lieutenant-colonel de Reboul commandant le 3ᵉ régiment de dragons portés (3° RDP) mettait mon escadron à la disposition du commandant Augère du 18ᵉ Chasseurs de qui je recevais l'ordre suivant : "un centre de résistance est organisé aux lisières à 400 mètres à l'est de Veules-les-Roses, il comprend :
-   1 escadron du 12ᵉ Chasseurs (3 pelotons).
-   1 escadron du 18ᵉ Chasseurs (5 pelotons)
-   1 peloton du 5ᵉ régiment de cuirassiers

Il a pour mission, en liaison avec les Anglais à sa droite et les brigades de dragons portés à sa gauche, d'assurer la protection d'une portion de la tête de pont de St Valery. Chaque escadron aura 2 pelotons en ligne plus 2 en soutien sauf l'escadron du 12ᵉ qui n'aura pour le moment qu'un peloton en soutien.

Le peloton Pontbriand sera réservé le centre ; le peloton du 5ᵉ Cuirassiers sera à la gauche de l'escadron du 18ᵉ Chasseurs et fera la liaison avec les brigades de dragons portés (BDP).

Cette ligne qui est une ligne de fortune créée rapidement pour colmater une poche est compliquée en fait que de part et d'autre de la route il y a une 2ᵉ ligne à 400 m en arrière tenue par les Anglais (1)*. Enfin, le village à l'est est déjà occupé par des unités à nous (2)*.

À 9 h 45, le capitaine Bouhet reçoit du colonel Lesne commandant le 12ᵉ Chasseurs à Saint-Valery-en-Caux, l'ordre suivant :
'1°) la tête de pont de Saint-Valery est aux ordres du colonel de Woillemont. Les unités qui seront mises à sa disposition se cercleront et utiliseront tous les moyens de défense dont ils disposeront et qu'ils pourront trouver sur place.
2°) en prévision du 'Bombing' les trous seront creusés immédiatement.
3°) en vue d'un embarquement, les capitaines-commandants feront connaître dès que possible l'effectif très exact des officiers, gradés et hommes, ainsi que les éléments d'autres corps rattachés à eux. Tout le matériel, sauf les armes portatives, sera détruit ou mis hors de service quand l'ordre en sera donné.
Signé Lesne'.

Le front tenu par le commandant Augere s'étendait au nord de la route de Dieppe au 3ᵉ RDP à sa gauche qui s'appuyait sur la côte, au sud de la route étaient les Anglais. La fatigue des hommes qui marchaient et combattaient depuis plusieurs jours sans arrêt était extrême. Il fallut toute l'autorité des officiers pour faire creuser des trous, seule défense sur un terrain plat et sans accidents.
Le ravitaillement était nul et je trouvai difficilement à Veules, le pain et quelques conserves pour distribuer aux hommes. Une barricade fut faite sur la route à la sortie-est de Veules.

J'en fis préparer une autre sur la route à hauteur de la crête avec les camions en même temps qu'avec les pétards de cavalerie. Je faisais ceinturer les gros arbres bordant la route. Un millier de voitures se rassemblait dans un champ entre la route de Dieppe et celle de Fontaine-le-Dun.

Dans l'après-midi, il y a eu un bombardement par avion, mais qui causa peu de pertes aux troupes en ligne. A 16 heures eu lieu une première attaque par chars venant du Bourg Dun, village qui devait être tenu par les chasseurs à pied, mais qui ne l'était pas.

Dès le début de l'attaque, le canon antichar anglais tenant la route fut touché.
La section anglaise à ma droite et qui n'avait pas creusé de trous se replie aussitôt. Le peloton Gilbert fut violemment pris à partie par les chars. En quelques instants, il perdit la moitié de son peloton.
L'adjudant-chef Gilbert fut lui-même blessé et évacué. Le peloton en soutien perdit aussi quelques hommes. Devant cette situation, je décidai de replier ces deux pelotons exposés en pointe, et à l'ennemi et aux Anglais.
Ces deux pelotons n'avaient été d'ailleurs portés en avant que pour faire la liaison avec la gauche des Anglais. Ceux-ci s'étant repliés, la situation aventurée de ces deux pelotons ne se justifiait plus. Ayant, de mon PC, constaté un certain flottement chez les B.D.P à la gauche de la position, j'y portais mon groupe de commandement et ce qui restait de ces deux pelotons. J'étais à ce moment à la gauche du 5ᵉ Cuirassiers, mais sans liaison avec les B.D.P qui étaient beaucoup plus au Nord, mais par contre, se trouvait là un G.M du 164ᵉ GRDI. Vers 20 heures, l'ennemi prononça une forte attaque par chars au nombre de 30 ou 40 de part et d'autre de la grande route, les chars progressèrent facilement, car aucune arme antichar n'a pu être mise en action contre eux.

(1) C'est le 4ᵉ Bataillon des Seaforths de la 51ᵉ division écossaise du général Fortune.
(2) Dans les villages d'Ermenouville, Ste-Colombe.

Seule, une batterie d'artillerie du 73ᵉ régiment d'artillerie put les contrebattre et en détruisit quelques-uns. Le feu des chars fut excessivement meurtrier sur un terrain plat où tout mouvement fut impossible jusqu'à 21 h 30. L'escadron eut au cours de cette attaque, une douzaine de tués, autant de blessés et plus de 40 disparus. À minuit, je récupérai le peloton de Tassigny qui avait eu particulièrement à souffrir, des chars ayant sillonné pendant 2 heures les positions de son peloton.

Le service médical dirigé par le médecin major du 18ᵉ Chasseurs avait dans ses ambulances plus de 150 blessés.

Le brigadier Raymond Mauger, du 3ᵉ peloton eu la jambe arrachée avec un éclat d'obus.

À 3 heures du matin, l'aspirant Touze de l'E.M.E de mon régiment me rendait compte qu'il occupait un petit bois avec une dizaine d'hommes de l'E.M.E, venant de St Valery et une quinzaine d'hommes de mon escadron que le combat avait rejeté vers les pièces d'artillerie

L'aspirant Touze apprenait que les artilleurs avaient reçu l'ordre de s'embarquer, car des bateaux étaient signalés.

©Brigadier Raymond Mauger à Sedan en 1933

En raison de la situation, n'ayant plus que 2 fusils-mitrailleurs, et plus de munitions, je demandais au commandant Augere de me rendre ma liberté, ce qu'il fit.
Je me présentais à 3 h 45 au PC du colonel de Reboul à Veules qui me donna l'autorisation de chercher à sauver ce qui restait de mon escadron en ces termes : *« je sais ce que vous avez fait et ce qu'a fait votre escadron, je vous en remercie et vous souhaite bonne chance ».*

J'ai appris par la suite que le 3ᵉ RDP avait reçu à 22 h l'ordre écrit suivant du lieutenant-colonel de Reboul : *« Vous avez fait votre devoir, liberté à chacun quand vous le jugerez possible et opportun, se cacher, laisser passer la vague, tachez de rejoindre les lignes françaises ».* Ordre reçu par le capitaine Deleusse du 3ᵉ RDP à 23 heures ».

Mercredi 12 juin 1940

« Je passai le restant de la nuit à rassembler les restes de mon escadron [45 hommes environ] nous étions sur la plage à 6 heures. Je prenais un bateau anglais avec 18 hommes de mon escadron et 23, d'escadrons différents du régiment. Les autres hommes de mon escadron prirent un bateau français qui les emmena à Cherbourg. Ils furent faits prisonniers par la suite en Bretagne.

À 8 heures, l'ennemi ayant amené de l'artillerie sur la côte le bateau fut bombardé et leva l'ancre ».

Le Boadicea [H65], le Codrington [D65], l'Ambuscade [D38] ou l'Amazon [D39] sont des navires britanniques qui sont en action dans la Manche pour extraire les troupes franco-britanniques.

Le capitaine Bouhet et ses hommes embarquent sur un de ces bâtiments de guerre et il relate son arrivée en Angleterre :

« Mercredi 12 juin 1940 à 13 heures, le bateau accosta à Portsmouth. À 15 heures, nous étions à Bournemouth où les hommes furent répartis dans plusieurs cantonnements après avoir été désarmés à leur descente de bateau.
Nous devions rester en Angleterre jusqu'au 16 juin. Nous fûmes admirablement reçus, les officiers logeaient à l'hôtel "Marsham court".

Dimanche 16 juin 1940 à midi, l'officier de liaison donna l'ordre de départ pour le même jour à 14 heures. Certains hommes, invités en ville, ne purent être touchés et restèrent en Angleterre.

Nous étions à Cherbourg le lundi 17 juin 1940 à 8 heures où un ordre du commandant de la Place nous fit embarquer le même jour à 19 heures sur un cargo "le capitaine le Diabat" qui devait nous emmener à la Palisse. Mais à la Palisse le mercredi 19 juin 1940, après 24 heures d'attente dans le port, le capitaine du cargo reçut l'ordre de se rendre à Bayonne où nous débarquâmes le vendredi 21 juin 1940 à 18 heures.

Pendant la traversée, le bateau avait essuyé 3 bombardements par avions, sans mal, mais non sans émotion.

Le détachement du 12e Chasseurs comptant 46 hommes se présenta au divisionnaire de cavalerie à Tarbes à 5 heures le dimanche 23 juin 1940 » [1].

© Insigne du 12e régiment de chasseurs en 1940.

(1) L'escadron au 10 mai avait 182 hommes. Rapport écrit le 15 août 1940 par le capitaine Bouhet.

©Collection privée : le navire britannique le Boadicea.

© Collection privée : chalutiers Belge, l'Yvonne (HS173) et le Buffalo Bill (HS 198). Ils ont participé à l'évacuation des soldats, entre la plage de Veules et les navires de guerre.

1. « *Flotilla leader* » *type Amirauté.*

	Marque	*Budget*	Chantier	[Sur cale	Lanc¹	En serv.
CODRINGTON.	D 65	*1927–28*	Swan Hunter	1928	7-8-27	6-30

R. Perkins Esq.

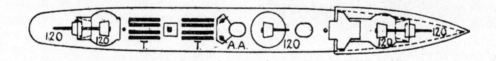

$$D = \begin{cases} 1.540^t \text{ w.} \\ 2.000^t \text{ pc.} \end{cases} \qquad L = 101^m,2. \qquad 1 = 10^m,25. \qquad td = 2^m,70$$

PUISSANCE : 39.000 CV. — *Vitesse :* 35ⁿ.

MACHINES : Turb. à engrenages Parsons. — 2 hélices. — *Chaudières :* 4 Yarrow à surchauffeurs et timbrées à 21 kg/cm². — *Mazout :* 500ᵗ. — *Ray. d'action :* 5.900 M à 15ⁿ.

EFFECTIF : 183 h.

ARMEMENT : V 120/*50*, II 40 AA, V mt, VIII T. 533 (IV × 2).

OBSERVATIONS. — Dérive du type *Shakespeare.* Aux essais, a tenu 4 heures à 38ⁿ et aurait atteint 40ⁿ sans pousser au maximum.

©Fiche technique du torpilleur britannique le « Codrington ».

La reddition du 12ᵉ régiment de chasseurs

Mercredi 12 juin 1940

© Collection famille Cauchois : entrée de la caserne du 12ᵉ régiment de chasseurs à Sedan en 1938.

Le 12e régiment de chasseurs combattra avec succès jusqu'à 10 heures, contenant un ennemi très supérieur en nombre et en armement.

Malgré ses pertes, ses fatigues, son manque de repos, le 12e régiment de chasseurs a lutté entre le 10 mai et le 12 juin, sans une défaillance, contre un ennemi très supérieur en nombre. Il a réussi à lui infliger de lourdes pertes, ne rompant le combat que sur ordre supérieur.

Le régiment l'a réalisé, grâce à l'esprit de sacrifice, au dévouement et à l'amour de la patrie, qui animait les officiers, gradés et cavaliers. Le jour se lève, des bandes de brume flottent et s'accrochent aux arbres, aux maisons, au clocher de la vieille église de Saint-Valery-en-Caux…

Les soldats sont couchés, recroquevillés dans les fossés du chemin. Les uns après les autres, ils se lèvent, se hissent sur le chemin, s'interrogent… Un drap blanc flotte au sommet du clocher de l'église de Saint-Valery.

C'est la fin, la fin d'une épopée, d'un combat, d'une bataille, l'agonie parmi tant d'autres d'un régiment : le 12ᵉ régiment de chasseurs. La veille encore, le soir, tous s'étaient battus, la nuit, l'ombre enveloppant êtres et choses, avait amené le silence, un silence pesant qui ne laissait plus prévoir de lendemain. Son chef, le colonel Lesne, lourd de son passé d'honneur, de gloire, avait passé la nuit dans l'angoisse et le recueillement. Il allait bientôt comme tous les hommes valides monter son calvaire, prendre le chemin de l'exil, souffrir dans sa chair et son esprit au-delà de toute souffrance humaine.

Le 12ᵉ Chasseurs avait livré son dernier combat, le colonel Lesne était le dernier de ceux qui pouvaient s'enorgueillir d'avoir conduit ce régiment au sommet de l'héroïsme, de l'abnégation, du sacrifice.

Quelques années auparavant, en janvier 1937, le colonel Lesne avait pris le commandement de ce beau régiment. Il y arrivait précédé de ses états de service magnifiques, de ses faits d'armes, de ses sept citations, de ses cinq blessures acquis au cours de la guerre de 1914-1918.

Juste, bon, animé des plus grandes qualités morales, plein de compréhension et d'indulgence pour toutes les faiblesses humaines ; mais aussi de fermeté, il savait être un conducteur d'hommes éprouvé, sonder les âmes, relever les uns, encourager les autres, défendre des idées.

Il a su être apprécié de tous. C'est ainsi qu'il put, dans une guerre difficile entre toutes, mener ses hommes à la bataille. Ces derniers ne lui marchandèrent ni leur courage ni leur générosité.

En juillet 1938, le colonel du 12e régiment de chasseurs et le 3e escadron sont désignés pour rendre les honneurs aux souverains Britanniques : le roi Georges VI et la reine Elizabeth, en voyage officiel en France.

Le 11 juin 1940, nous sommes à Saint-Valery-en-Caux, le dos à la mer, la pression ennemie s'accentue d'heure en heure, les munitions s'épuisent.
L'embarquement devient de plus en plus problématique. Le ciel est sillonné de balles traçantes, occupé de rafales nerveuses. Pas de bateaux au large du port de Saint-Valery-en-Caux.

Le commandement décide de capituler.

Puis l'obscurité recouvre tout, les hommes ignorent encore la décision prise et s'endorment çà et là, au hasard des fossés et remblais.
Certains profiteront de la nuit pour essayer de gagner l'Angleterre ou tout autre point de la côte par quelques moyens de fortune.
Le lendemain, le colonel Lesne et ses hommes prennent le chemin de la captivité.

©Porte-étendards du 12e régiment de chasseurs
De gauche à droite : le lieutenant Stanislas Dorange, le capitaine Georges Bouhet,
le lieutenant André Marsloff et le capitaine Jean Duchêne.

Les **événements vus par les habitants d'Ermenouville.**

La bataille à Ermenouville pour le 12e régiment de chasseurs est finie, et ses habitants ont souffert de ces combats héroïques devant leurs fermes ou leur maison. Ils témoignent des événements survenus pendant cette période tragique dans leur village en juin 1940 :
« Le vendredi 7 juin 1940, vers 17 heures, Saint-Valery-en-Caux, la sucrerie de Fontaine-le - Dun et Doudeville sont bombardées.

Le samedi 8 juin 1940, très tôt, des avions ennemis en grand nombre sillonnent le ciel. Des habitants, pris de panique, évacuent vers Yvetot et Caudebec et subissent les mitraillages. Certains creusent des abris. Les premières troupes, surtout anglaises, commencent à passer : camions, chenillettes, canons…

Le dimanche 9 juin 1940, les troupes motorisées continuent de passer. On pourrait penser que le Havre serait un nouveau Dunkerque et que l'on tiendrait l'ennemi sur la Seine. En début d'après-midi, le ciel s'obscurcit, devient noir et nous sommes plongés dans une demi-obscurité.

©Collection privée : 12e régiment de chasseurs en position de tir.

On pense à la guerre des gaz, certains anciens donnent des conseils, finalement on apprend que ce sont les réservoirs de pétrole de Port-Jérome qui brûlent. On entend le canon au loin, de façon distincte, la bataille approche… des réfugiés arrivent, trois familles de Bailly-Enrivière s'installent chez M Vermont.

Le lundi 10 juin 1940, le passage des troupes, continue : chevaux, bicyclettes, fantassins… les soldats sont harassés, affamés, découragés. Certains n'ont plus le moral, pour d'autres, le désir de se battre jusqu'au bout est très vif. Saint-Valery-en-Caux est bombardé, la place de la Chapelle a beaucoup souffert.

La situation devient de plus en plus dramatique pour les troupes, elles sont encerclées. Rouen est occupée depuis le 9 juin, et une division de panzer remonte vers Yvetot celle du général Rommel. L'étau se resserre progressivement, le soir, on entend dire que le front passe par Héricourt, Doudeville, Saint-Laurent-en-Caux, Bacqueville et la Saâne.

Le mardi 11 juin 1940, l'étau s'est encore refermé. Les Allemands sont à Fultot, à Anglesqueville, et à Bourville. Le 12e régiment de chasseurs s'installe à Ermenouville et à Sainte-Colombe avec ses chevaux et son matériel. Il se prépare à résister pour stopper l'ennemi et permettre l'embarquement du plus grand nombre de soldats écossais et français. Un avion allemand est abattu entre Ermenouville et Houdetot. Un officier français est parti à pied vers cet avion, il abat les deux aviateurs et rapporte les documents trouvés dans l'appareil.

Le gros des troupes est installé à l'ouest du village. Des avant-postes sont disposés dans la plaine. Mais la 5e colonne (armée ennemie) s'est infiltrée avec nos troupes. 7 soldats se présentent au café AUBE. Ceux-ci refusent toute nourriture et paraissent bien frais eu égard aux soldats rencontrés. Sur une réflexion de Monsieur Aube, ils partent précipitamment en parlant allemand. L'un d'eux se dirige vers le DC 108 et lance une fusée rouge.

Quelques instants après, un tir d'artillerie se déclenche qui durera de 14 heures à une heure avancée de la nuit. Les obus sont surtout des « schrapnels » qui cisaillent les arbres et tuent le bétail. Les batteries françaises ripostent, en particulier celle qui est en bordure de la ferme de Monsieur Affagard.

Les troupes allemandes occupent la gare d'Héberville. Trois agents de liaison français sont abattus à peu de distance du petit bois. Ils seront enterrés plus tard en bordure de route sur la commune d'Héberville. Le cavalier Cirulnick du 2e escadron du 12e régiment de chasseurs est tué près de sa mitrailleuse. On ne le retrouvera que le jeudi 20 juin 1940 avec un tas impressionnant de douilles à ses côtés.

Malgré la défense héroïque du 12e régiment de chasseurs, les Allemands semblent avoir occupé le village à la faveur de la nuit, d'abord par l'est et ensuite dès le lever du jour ils progressent vers l'ouest. Cette progression est stoppée par des mitrailleurs postés dans le virage de la ferme de Monsieur Affagard. La lutte est cependant inégale. Après avoir libéré les chevaux et détruit ses installations, le 12e régiment de chasseurs se rend.

Les Allemands incendient les bâtiments agricoles des fermes des familles Maillet, Affagard et Barray. Les soldats-prisonniers sont conduits sous le manège de la ferme de la famille Lepelletier. M Affagard, suspecté, est emmené sous escorte sur la place du village.
Grâce à Monsieur Vermont, il se trouve libre et se charge avec lui de soigner C.Blanquet qui a eu le bras déchiqueté. C'est bientôt le grand calme, le village est occupé et on constate l'horreur de la guerre. Les cavaliers Gautherot, Petit et le maréchal des logis Guillaume sont morts à leur poste.

Mademoiselle Blanquet est blessée. Madame Guéret et monsieur Ridel ont été tués par un Allemand dans leur abri. Madame Cole et Olga Davenet ont été mortellement blessées. Messieurs Lecompte, Dupuis, Legros, en présence de monsieur Lepelletier, adjoint, inhument les corps dans le cimetière communal. M Blanquet a fait les cercueils. Les immeubles ont souffert : la maison Saillot, l'école, l'église, la maison Vermont. Les branches de hêtre de l'avenue sont hachées et jonchent le sol. Les chevaux morts et tout le cheptel de M Barray sont enterrés dans les herbages et couverts de chaux

Messieurs Affagard et Briolet, avec l'autorisation du chef allemand installé au château vont chercher de la farine à Cany et Monsieur Affagard abat un de ses bœufs pour une distribution à la population.

L'occupation allemande débute et c'est une autre histoire.

© Collection de la famille de Jean Cauchois : soldats du 12ᵉ régiment de chasseurs en 1938

© Les anciens du 12ᵉ régiment de chasseurs en juin 1996, à Ermenouville.

Morts pour la France, du 12e régiment de chasseurs

© Collection privée : monument aux morts de 1914 à 1919 du 12ᵉ régiment de chasseurs.

Morts de 1940 à 1945 du 12ᵉ régiment de chasseurs

1- ADAM Armand, du 4ᵉ escadron, tué le 12 juin 1940, à *Veules-les-Roses*.
2- ANGOT René, de l'E.M.E, tué le 13 mai 1940 à Sy (Ardennes).
3- BACLET Marius, du 4ᵉ escadron, tué le 12 juin 1940 à *Sotteville-sur-Mer*.
4- BAIJOT Pierre, du 2ᵉ escadron, tué le 14 mai 1940 à Vendresse (Ardennes).
5- BARA Jean Paul, du 4ᵉ escadron, tué le 10 juin 1940 à *Sotteville-sur-Mer*.
6- BART Marcel, du 3ᵉ escadron, tué le 13 mai 1940 à Sy (Ardennes).
7- BAZART René, du 3ᵉ escadron, tué le 16 mai 1940 à Neufchâteau (Belgique).
8- BECUE Daniel, de l'E.M.E, tué le 12 juin 1940 à *Sainte-Colombe*.
9- BELLET Roger, du 2ᵉ escadron, tué le 1er juin 1940 à Estreboeuf (Somme).
10- BÉNARD Eugène, du 1ᵉʳ escadron tué le 14 juin 1940 à *Dieppe*.
11- BERNARD Serge, du 1ᵉʳ escadron tué le 13 mai 1940 à Vouziers (Ardennes)
12- BISSON Roger, du 3ᵉ escadron tué le 7 juin 1940 à Gaillefontaine.
13- BODMER Pierre, du 3ᵉ escadron tué en mai 1940 inhumé à Bras en Belgique.
14- BOULANGER Roger, de L'E.M.E tué le 8 juin 1940 à Box-Bordel.
15- BOUSREZ Paul, de L'E.M.E tué le 12 juin 1940 à *Sainte-Colombe*.
16- BRIZARD Jean, de L'E.M.E tué le 19 juin 1940 à St Viacre (Loir-et-Cher).
17- BROOKS Georges, de L'E.M.E tué le 11 mai 1940 à Naomé (Belgique).
18- BULAND Victor, de L'E.M.E tué le 12 juin 1940 à *Sotteville-sur-Mer*.
19- CAMUZEAUX René, de L'E.M.E tué le 12 mai 1940 à la Chapelle (Ardennes).
20- CARDON Auguste, de L'E.M.E tué le 12 juin 1940 à *Sotteville-sur-Mer*.
21- CAROUGE Samuel, de L'E.M.E tué le 12 juin 1940 à *Sotteville-sur-Mer*.
22- CARTON Abel, du 3ᵉ escadron tué le 17 mai 1940 à La Capelle (Aisne).
23- COUETTE Raymond, du 3ᵉ escadron tué le 17 mai 1940 à Beriaimont (Nord).
24- COUETTE Rémy, du 3ᵉ escadron tué le 12 juin 1940 à *Sotteville-sur-Mer*.
25- DAL Lucien, du 3ᵉ escadron tué le 12 juin 1940 à *Sainte-Colombe*.
26- DELEFOSSE Maurice, du 3ᵉ escadron tué le 15 mai 1940 à Malmy (Ardennes).
27- DEPORTE Norbert, du 3ᵉ escadron tué le 12 juin 1940 à *Sotteville-sur-Mer*.
28- DEQUET Jean-Marie, du 3ᵉ escadron tué le 12 juin 1940 à *Veules-les-Roses*.
29- DELRIEU Edmond, du 3ᵉ escadron tué le 12 juin 1940 à *Héberville*.
30- DEMARE Albert, du 2ᵉ escadron tué le 12 juin 1940 à *Sainte-Colombe*.
31- DE WAELE Georges, du 2ᵉ escadron tué le 12 juin 1940 à *Sainte-Colombe*.
32- DORANGE Stanislas, du 2ᵉ escadron tué le 12 juin 1940 à *St Valery-en-Caux*.
33- DROUARD Georges, du 2ᵉ escadron tué le 11 juin 1940 à St Pierre-Bénouville.
34- DUJARDIN Marcel, du 2ᵉ escadron tué le 12 juin 1940 à *Sainte-Colombe*.
35- DUMANGE Paul, du 2ᵉ escadron tué le 12 juin 1940 à *Pleine Sève*.
36- DUROSAY Bernard, du 2ᵉ escadron tué le 11 mai 1940 à Recogne (Belgique).
37- EUDIER René, du 2ᵉ escadron tué le 10 juin 1940 à *Ingouville-sur-Mer*.
38- FOURCART Ernest, du 2ᵉ escadron tué le 11 juin 1940.
39- FREGART Léon, du 3ᵉ escadron tué le 12 mai 1940 à Vendresse (Ardennes).
40- FUSTINONI Charles, du 3ᵉ escadron tué le 12 juin 1940 à *Sotteville-sur-Mer*.
41- GAUTHEROT François, du 3ᵉ escadron tué le 12 juin 1940 à *Ermenouville*.
42- GUILLOTIN Léon, du 3ᵉ escadron tué le 12 juin 1940 à *Veules-les-Roses*.
43- GUILLAUNE Louis, du 3ᵉ escadron tué le 12 juin 1940 à *Ermenouville*.
44- HELLOUIN Robert, du 3ᵉ escadron tué le 14 mai 1940 à Vendresse (Ardennes).
45- HEMMERLE François, du 3ᵉ escadron tué le 12 juin 1940 à *Sotteville-sur-Mer*.
46- HERVIEUX Albert, du 2ᵉ escadron tué le 8 juin 1940 à Estreboeuf (Somme)
47- HONS Georges, du 2ᵉ escadron tué le 12 juin 1940 à *Sotteville-sur-Mer*.
48- HUBERT du 2ᵉ escadron tué le 11 juin 1940 à *St Valery-en-Caux*.

49- HUSSON Georges, du 2e escadron tué le 13 juin 1940 à *St Valery-en-Caux*.

50- HUTTEAU Émile, du 2e escadron tué le 9 juin 1940 à Forges-les-Eaux.

51- JAVET Victor, de L'E.M.E tué le 13 mai 1940 à SY (Ardennes).

52- LAFOSSE Roland, de L'E.M.E tué le 11 mai 1940 à Chairière (Belgique).

53- LAMY Henri, de L'E.M.E décédé le 16 juin 1940 à *St Valery-en-Caux*.

54- LANCELEVEE René, de L'E.M.E décédé le 16 juin 1940 à Levoncourt (Meuse).

55- LE CAM André, du 1er escadron tué le 12 juin 1940 à *Veules-les-Roses*.

56- LE CERF Marcel, du 1er escadron tué le 12 juin 1940 à *Sotteville-sur-Mer*.

57- LEGRAND Serge, du 1er escadron tué le 13 mai 1940 à Eannut.

58- LEGROS Norbert, du 1er escadron tué le 12 juin 1940 à *Sotteville-sur-Mer*.

59- LEMESLE Charles, du 1er escadron tué le 23 mai 1940 à Bar-le-Duc (Meuse).

60- MAINIER Albert, du 1er escadron tué le 14 mai 1940 à Vendresse (Ardennes).

61- MALA Paul, du 1er escadron décédé le 15 juin 1940 à *St Valery-en-Caux*.

62- MALET Clément, du 1er escadron tué le 12 juin 1940 *à Sotteville-sur-Mer*.

63- MARSY Joseph, du 1er escadron tué le 12 mai 1940 à Malmy (Ardennes).

64- MARTIN Alcide, du 1er escadron tué le 14 mai à Anvers (Belgique).

65- MEUNIER André, du 1er escadron tué le 14 juin à Creil (Oise).

66- MOENAERT Léon, du 1er escadron tué le 14 mai à Vendresse (Ardennes).

67- MOREL Daniel, du 1er escadron tué le 11 juin 1940 à *Sotteville-sur-Mer*.

68- NOBLE Jean, du 1er escadron tué le 13 juin 1940 à *St Valery-en-Caux*.

69- PELEFRENE Robert, du 4e escadron disparu en mai 1940

70- PÉON Eugène, du 3e escadron tué le 14 mai 1940 à Vendresse

71- PETIT Jean, tué le 13 juin 1940 à *Ermenouville*.

72- POIRE André, du 3e escadron tué le 13 juin 1940 à *Sotteville-sur-Mer*.

73- POMBOURG Kléber, du 3e escadron tué le 12 juin 1940 à *Sainte-Colombe*.

74- PRUVOT Gabriel, du 3e escadron tué le 8 juin 1940 à Gaillefontaine.

75- QUEMION Antoine, du 3e escadron tué le 11 mai 1940 à Libramont (Belgique).

76- RENÉ Julien, du 3e escadron tué le17 mai 1940 à Châlons-sur-Marne (Marne).

77- ROCHER André, du 3e escadron tué le 12 juin 1940 à *Sotteville-sur-Mer*.

78- ROY Jean, du 3e escadron tué le 11 juin 1940 à *Pleine Sève*.

79- RUBINSTEIN Claude, du 3e escadron tué le 12 juin 1940 à *Sainte-Colombe*.

80- SAUTREUIL Jean Paul, du 3e escadron tué le 12 juin 1940 à *Sotteville-sur-Mer*.

81- SIMON Henri, le 12 juin 1940 à *St Valery-en-Caux*.

82- SIMONUTTI Libero, Jacques tué le 11 mai 1940 à Le Chesne.

83- SOREL Jean, tué le 11 mai 1940 à Libramont (Belgique).

84- TAUPIN Georges, disparu le 14 mai 1940.

85- TREGUER Raymond, tué le 12 juin 1940 à *St Valery-en-Caux*.

86- TZIRULNIC Itzic, tué le 12 juin 1940 à *Ermenouville*.

87- VALLERY Albert, tué le 12 juin 1940 à *Sotteville-sur-Mer*.

88- VERDURE Georges, tué le 14 mai 1940 à Chichery (Ardennes).

89- SALANDRE, de L'E.M.E tué le 12 juin à *Veules-les-Roses*.

90- SCHERRER, tué le 8 juin 1940 à Gaillefontaine.

Mort en captivité

1- CAZE Henri décédé le 26 février 1941 à WUPPERTHAL ELBERFELD

2- COURCOL VITAL décédé le 23 mai 1944 à ESPENHAIN

3- DELAPORTE Ernest, décédé le 3 décembre 1940 à LINGEN

Nota : Tous les noms surlignés en jaune sont les soldats tués dans les communes de la Côte d'Albâtre.

4- FERREIRA François, décédé le 2 mars 1945 à NIEDERHAUSSEN

5- FOUILLEN William, décédé le 3 août 1943 à HAMBOURG

6- FOURNIER Lucien, décédé le 4 octobre 1940 à HERBORN

7- MICHON René, décédé le 10 juin 1942 à WEIMAR

8- MORANDEAU Gabriel, décédé le 29 mars 1941 à LAZAN

9- RICHIER Étienne, décédé le 5 février 1945 à NIENBURG

100 VERDURE Eugène, décédé le 1er mai 1945

1ᵉʳ oct. 1940.

DES TOMBES DANS LA PLAINE

(Photo *Journal de Rouen*)

Au bord de la grand'route, qui permet aux gens de Doudeville de gagner plus vite Saint-Valery, un petit village, dont les humbles toits ne s'en vont pas trop loin de l'église, qui les protège... Il a pour nom : Sainte-Colombe. Le connaissez-vous ? Vous y êtes passé, souvent, il n'y a pas si longtemps. Vous avez franchi — bien trop vite — ce joli coin de notre terre cauchoise, où des paysans, sachant le prix du labeur, n'écoutaient jamais les mots menteurs des mauvais bergers. Vous vous hâtiez, sans raison, sans admirer ce décor prestigieux...

Qui aurait pu croire qu'un jour ?...

On s'y est battu, farouchement. Des soldats de chez nous y ont été fauchés, un mois avant les moissons, parmi les prés, qui mêlaient au milieu des épis déjà lourds, leurs bluets, leurs marguerites et leurs coquelicots, les trois couleurs de France.

Les habitants ont dessiné, auprès d'une chaumière, évoquant la maison grise de Fortunio, un cimetière que des mains pieuses ne cessent de fleurir. Des croix de bois, dressées devant des casques troués, témoignent de l'héroïsme obscur de ceux qui sont venus mourir là, et dont on ne dira, on ne saura jamais l'exploit sublime.

Que ceux qui n'ont pas souffert et qui, peut-être, n'ont pas encore compris, s'arrêtent devant ces tombes, ils y prendront une leçon nécessaire. Il ne faut pas que tant de braves se soient sacrifiés en vain. Qui étaient-ils ? Des riches ? Des pauvres ? On ne sait. Ils dorment, serrés les uns contre les autres, comme s'ils voulaient donner l'exemple, comme s'ils conseillaient de nous rapprocher, de nous entendre pour la lutte qui sera dure, comme s'ils tenaient à nous dire qu'ils ont tout perdu pour que, débarrassé des querelles qui le déchiraient, ressuscite notre pays qui ne peut pas mourir.

Robert DELAMARE.

© Article de journal du 1ᵉʳ octobre 1940 indiquant des tombes à Ste Colombe. Ce sont les tombes des soldats du 12ᵉ régiment de chasseurs et du 78ᵉ régiment d'artillerie tués à Sainte-Colombe, Ermenouville et à Pleine Sève. Ces tombes étaient à l'entrée de la ville de Ste-Colombe sur la droite en venant de Saint-Valery.Les soldats du 78ᵉ RA inhumés en juin 1940 à Sainte-Colombe sont : le brigadier-chef Émile Leblanc du Mans, le brigadier Léon Garrigues de Toulouse, le soldat Jean Bonnet, le soldat Gabriel Cercleron, le soldat Louis Demon, le soldat Maniez Henri d'Arras, le soldat Gabriel Retaille d'Alençon, le soldat Charles Verger de Redon.

Les corps ont été ensuite réclamés par les familles. Les corps ont été exhumés entre 1941 et 1948.

Le lieutenant Stanislas Dorange

© Le lieutenant Stanislas Dorange tué le 12 juin 1940 à Saint-Valery-en-Caux.

Né le 25 juin 1910 à Pontivy (Morbihan), décédé le 12 juin 1940 à Saint-Valery-en-Caux.
Saint-Cyrien de la 118ᵉ promotion 1931-1933 « du Tafilalet ».

À la sortie de l'École, il est affecté au 12ᵉ régiment de chasseurs à cheval à Sedan. Il est promu lieutenant en 1935. Il passe l'hiver 1939-1940 avec le régiment dans la région de Longwy. Il commande le 3ᵉ peloton du 2ᵉ escadron du Capitaine Ethuin où le rejoint son ami le lieutenant Georges Bazaille.

Son unité élémentaire participe activement à l'organisation défensive de Longlaville proche de Longwy. À la tête d'un peloton à cheval, Dorange montre beaucoup d'allant à l'instruction et obtient rapidement l'adhésion et la cohésion de ses cavaliers.

C'est à Villers Cernay, proche de Sedan, que le 10 mai, l'alerte est donnée à 3 h du matin. Le régiment reçoit l'ordre de se porter au contact de l'ennemi en territoire Belge, le long de la voie ferrée Libramont-Neuchâteau.

101

Dorange y installe ses cavaliers et fait creuser immédiatement des trous individuels et collectifs. Le matin du 11 mai, les avant-gardes allemandes tentent de franchir la voie ferrée. En fin de journée après plusieurs accrochages il reçoit l'ordre de repli vers la Semois qu'il franchit à Poupehan.

Le régiment jalonne l'avancée allemande à travers les Ardennes belges puis françaises. Les Allemands franchissent la Meuse le 12 au soir. Le 2e escadron reçoit l'ordre de se porter au sud dans le secteur Tannay-Le Chesne où il arrive le 13 au soir.

Le mardi 14 mai 1940, le peloton Dorange, renforcé par un canon de 25, reçoit l'ordre de tenir le pont Malmy-Chémery sur lequel il fait poser un barrage de mines.

De sa position, il aperçoit un grand nombre de chars ennemis venant du nord et se dirigeant vers Chémery, accompagnés de fantassins en lisière du bois des Cotes. L'ennemi porte son effort sur Malmy appuyé par des tirs de 105. Vers 9 h 30, Dorange engage le combat en s'accrochant au terrain. Plusieurs chars ennemis sont neutralisés, mais la poussée allemande est trop forte et les pertes sont considérables. Pour éviter d'être neutralisés par l'adversaire, les cavaliers du peloton Dorange n'hésitent pas à se jeter dans le marais le long de la berge du canal. Il faut à Dorange clairvoyance et sang-froid pour organiser une opération de sauvetage et tirer tout son personnel de ce mauvais pas.

Le mercredi 15 mai 1940, en traversant Le Chesne, soumis à un bombardement, les chevaux se cabrent et il faut toute l'adresse des cavaliers pour les maîtriser. Dorange parvient à regrouper 3 pelotons.

Le lundi 20 mai 1940, remarqué pour son esprit d'initiative et de décision, il est affecté à la 6e brigade commandée par le colonel Labouche en qualité d'officier de liaison du 12e régiment de chasseurs à cheval.

Dorénavant, un long jalonnement allait conduire le régiment jusqu'à Abbeville puis Saint-Valéry-sur-Somme et enfin Saint-Valery-en-Caux où il y avait un espoir de pouvoir embarquer, comme les Anglais l'avaient fait une semaine plus tôt à Dunkerque.

Placé en réserve près de Neuchâtel-en-Bray, le 12e RCH se remet en condition et se repose tant bien que mal du 31 mai au 5 juin pendant que plus au nord se déroule le drame de Dunkerque. Venue de l'état-major du colonel Labouche au cours d'une liaison le 2 juin, Dorange rend visite à son escadron.

Le vendredi 7 et samedi 8 juin 1940, le régiment combat sur la Bresle à 20 km au sud-ouest de la Somme. Le dimanche 9 juin 1940, il se replie à hauteur de la forêt de Saint Saëns. Dans la nuit du lundi 10 au mardi 11 juin 1940, il reçoit l'ordre de gagner la région de Saint-Valery-en-Caux dans l'espoir d'embarquer et de gagner l'Angleterre.

Le 1er escadron est installé à Veules-les-Roses, le 2e à Ermenouville, les 3e et 4e escadrons à Sainte-Colombe.

Les combats font rage toute la journée du mardi 11 juin 1940. Saint-Valery-en-Caux, que les Allemands ont complètement encerclé est écrasé sous les bombes et en ruine. L'accès au port est désormais impossible aux navires. Tout espoir d'embarquement vers l'Angleterre est perdu.

Au matin du mercredi 12 juin 1940, un obus tue le colonel Labouche et 9 officiers, dont le lieutenant Dorange, au cours d'un ultime briefing de son état-major.

Le lieutenant Georges Bazaille

©Photographie de Mr et Mme Affagard avec le lieutenant Georges Bazaille à Ermenouville [à droite].

Le lieutenant Georges Bazaille est né le 20 avril 1910 à Balan [Ardennes]. Il est ingénieur agronome.

À l'École d'officier du rang à Saumur en octobre 1931, il est affecté en mars 1932 comme sous-lieutenant au 12e régiment de chasseurs à cheval à Sedan, ville dont il est originaire. Il y achève son service militaire en juillet 1932. Il est promu lieutenant en juillet 1935.

Mobilisé le 2 septembre 1939, il passe l'hiver 1939-1940 avec le régiment dans la région de Longwy.

Il commande le 4e peloton du 2e escadron du capitaine Ethuin où il retrouve son ami le lieutenant Stanislas Dorange qui est un officier d'active.

Le 10 mai à l'aube, l'alerte est donnée. Le 12e RCH, alors stationné au nord de Sedan, reçoit l'ordre de se porter au contact de l'ennemi en territoire Belge, le long de la voie ferrée Libramont-Neuchâteau.

Le matin du mardi 11 juin 1940, Bazaille repousse par des feux précis et disciplinés des motocyclistes et des fantassins allemands qui tentent de franchir la voie ferrée.

Il les tient en échec malgré le harcèlement de l'aviation et les tirs de mortier jusqu'à l'apparition des blindés.

Risquant à tout moment d'être neutralisé, il replie sur ordre son peloton en combattant à travers bois. Du fait de sa grande connaissance du terrain, il réussit à franchir à gué la Semois près de Bouillon.

Le régiment jalonne l'avancée allemande à travers les Ardennes belges puis françaises.

Le dimanche 12 mai 1940, il est auprès des sapeurs chargés de faire sauter le pont de Bazeilles après le passage des dernières unités se repliant au sud de la Meuse.

Il voit sauter le pont, mais voit aussi brûler l'usine familiale de Balan qui a été bombardée...

Le régiment reçoit l'ordre de se porter au sud dans le secteur Tannay-Le Chesne. Dans la nuit du 13 au 14 l'ordre est donné de remonter au nord pour tenter de colmater une brèche près de Chéhéry.

Au cours de la traversée de la forêt du Mont-Dieu, des fantassins qui marchent en désordre vers le sud attrapent la bride de son cheval pour l'entraîner avec eux en lui disant : « n'y va pas les Allemands sont là ».

Il dégaine alors son pistolet et le pointant dans leur direction se fraie péniblement un passage en espérant que ses cavaliers, également harcelés, le suivront.

À la sortie-nord de la forêt, son peloton est au complet.

Au matin, il est à Malmy pour surveiller le débouché de la vallée de la Bar. La mission est de tenir sur place. La poussée blindée ennemie s'accentue, le peloton Bazaille résiste et son chef dissimulé dans le clocher de la petite église de Malmy aperçoit des chenillettes allemandes qui progressent sur la route Omicourt-Malmy. Il en ajuste une avec un fusil antichar, la touche.

Elle s'arrête. Il décroche alors sur ordre.

La suite de la campagne ne fut qu'un long jalonnement qui allait conduire le régiment jusqu'à Abbeville puis Saint-Valery-sur-Somme et enfin Saint-Valery-en-Caux où il y avait un espoir de pouvoir embarquer, comme les Anglais l'avaient fait une semaine plus tôt à Dunkerque.

Le mardi 11 juin 1940, à Ermenouville, l'ordre est donné de desseller les chevaux... L'escadron se prépare pour le combat à pied. Bazaille installe son peloton et vers 17 h il est prêt à toute éventualité.

Des fantassins allemands sont repoussés sous les tirs des FM et mousquetons à courte distance. Il faut économiser les munitions. Vers 18 h 30, obus de 105 et de mortier s'abattant sur sa position. Les combats acharnés se poursuivent jusqu'à 22 h.

Le mercredi 12 juin 1940, la situation est désespérée et sans issue. Le lieutenant Bazaille, ignorant que le cessez-le-feu avait été ordonné à Saint-Valery, n'abandonne pas ce qui lui vaudra la citation suivante au corps d'armée : « *Officier d'un grand sang-froid et d'un très beau courage. Les 11 et 12 juin 1940, commandant un peloton dans un point d'appui avancé de la tête de pont de Saint-Valéry-en-Caux, s'est particulièrement distingué au cours des attaques violentes déclenchées par l'ennemi. Sur le point, d'être pris à revers a déjoué le plan de l'assaillant en le contre-attaquant et en lui occasionnant des pertes telles qu'il a dû se replier sur sa base de départ* ».

. ©Collection privée : le lieutenant Bazaille

En fin de matinée du 12 « *deux Allemands me sont tombés dessus, j'étais prisonnier. J'appris alors que le lieutenant Dorange, chargé d'une liaison avait été tué* ».

Il part en captivité en Allemagne, d'abord à l'oflag VA à Weinsberg, et plus tard à l'oflag XC à Lübeck où sont regroupées les « fortes têtes ». Le camp est libéré le 2 mai 1945. Il sera rapatrié le 24 mai 1945 et démobilisé le 28.

Lorsqu'il revient de captivité en 1945, il trouvera l'usine familiale en ruines et s'emploiera à la rebâtir. Il poursuit ses activités dans les réserves jusqu'en 1959. Le capitaine Bazaille, très attaché à son régiment, assurera la présidence de l'amicale des Anciens du 12e Chasseurs de 1981 à 1991.

En avril 1976, le sénateur Geoffroy de Montalembert accueille le 12e régiment de chasseurs à Ermenouville pour une cérémonie du devoir de mémoire envers les soldats tués dans son village, en juin 1940.

Le lieutenant Bazaille revient pour la première fois, depuis 36 ans, dans le village et plus particulièrement dans la ferme de la famille Affagard. Cette ferme, qui était en juin 1940, son dernier lieu de combat. À l'intérieur de cette demeure, il découvre un sabre accroché sur la cheminée, celui qu'il avait abandonné lors de sa capture à Ermenouville par les Allemands. Il le reconnut, car le sabre portait l'aigle impériale des armées de Napoléon. Cette arme ayant appartenu à son arrière-grand-père, officier de l'empereur.

L'émotion pour le lieutenant Bazaille a été très intense, car il ne pensait pas retrouver son sabre de famille, 36 ans après la bataille de juin 1940.

Toujours passionné par l'équitation, il sera très actif au club hippique « l'Étrier Ardennais » et adoptera la chasse à courre jusqu'à la fin de sa vie en 1991.

©Photographie des anciens du 12ᵉ régiment de chasseurs de juin 1940 en 1946 à Saint-Valery-en-Caux.

© Photographie des anciens du 12ᵉ régiment de chasseurs de juin 1940 en 1996 à Ermenouville. À l'extrême droite, le brigadier Daniel Chevallier (1918-2013) au 4ᵉ escadron du capitaine Bouhet est blessé au visage près de Bouillon en Belgique, dans la nuit du 11 au 12 mai 1940.

©Photographie de Raymond Mauger décoré par François Mitterrand, le 8 mai 1985, officier de la Légion d'honneur.

©Photographie de l'auteur, prise en juin 2006 : à gauche, Jean Chiron, du 12ᵉ régiment de chasseurs, il est témoin de la mort des officiers du boulevard des Belges, le 12 juin 1940.

À droite, le général de Sury Président de l'amicale du 12ᵉ régiment de chasseurs, jusqu'en 2013, l'année de son décès.

Chapitre 4

Le 11e régiment de cuirassiers

Origine et fonctionnement

© Collection famille Labouche : colonel Labouche

Le 11ᵉ régiment de cuirassiers a été créé en 1792 avec le nom de 11ᵉ régiment de cavalerie et finalement prend son nom final en 1803. En 1815, le régiment est dissous.
En 1871, il est reconstitué. Il participe aux combats de la Grande Guerre de 1914 à 1918. En 1920, le capitaine Georges Labouche, rescapé de quatre années de combat, épouse Marie Louise Richard.

En 1937, le commandant Labouche seconde le colonel Gouraud au 3ᵉ régiment de hussards basé à Strasbourg.
Le 25 septembre 1938, le commandant Labouche est muté en tant que colonel pour commander le 11ᵉ régiment de cuirassiers, qui est basé à Paris au quartier Dupleix, place Saint-Léon.
Le 26 août 1939, le régiment reçoit l'ordre de se rendre le long de la frontière en s'installant près de Longwy. Le travail du régiment est de renforcer la frontière dans la continuité de la ligne Maginot.
Toujours soucieux de maintenir à son régiment une solide instruction militaire, le colonel Labouche fait accomplir de fréquentes manœuvres des services en campagne.
Des concours hippiques sont aussi organisés avec les escadrons en repos afin de sauvegarder le moral et la forme physique de ses hommes.
Malgré la terre gelée, ses cavaliers travaillent au prolongement de la ligne Maginot, creusent des tranchées, construisent des ouvrages, coulent du béton et posent des réseaux de fil de fer.
Ses officiers et ses soldats respectent le colonel Labouche. Vu son expérience, son autorité n'est pas remise en cause. La confiance est acquise et ses exigences sont respectées.

© Collection famille du capitaine Grognet : officiers du 11ᵉ Cuirassiers.

© Collection famille du capitaine Grognet : janvier 1939, décoration de la rosette du capitaine Grognet au quartier Dupleix à Paris par le colonel Labouche à droite de la photographie avec son sabre.

© Collection auteur : gravure d'une section de mitrailleuses du 11ᵉ régiment de Cuirassiers

© Collection famille Labouche : le 11ᵉ régiment de cuirassiers le 8 février 1940.

Le cheval est le seul moyen de déplacement et porte l'ensemble de l'équipement du cavalier. En voici la liste :

1. – Un collier de 90 cartouches.
2. – Une longe.
3. – Un fusil
4. – Deux cartouchières de 30 cartouches.
5. – Un masque à gaz dans son étui.
6. – Une couverture et un manteau roulés derrière le cavalier.
7. – Une musette.
8. – Deux sacoches, une à droite et une à gauche.
9. – Une pelle, un seau, une pioche et des outils.
10. – À gauche, deux kilos d'avoine dans une musette.
11. – À droite, une demi-ferrure et clou, et un kilo d'avoine.

Dans la sacoche de gauche, il y a une gamelle, un repas froid, une cuillère, une fourchette, un jour de vivres de réserve, deux rations de chocolat, un bonnet de police et une musette.
Dans la sacoche de droite, il y a une brosse à habits, une serviette, un effet de toilette, un sac à distribution vide, une corde à fourrage et une trousse garnie.

©Collection famille Labouche : le colonel Georges Labouche

Le 11ᵉ régiment de cuirassiers et la 5ᵉ division légère de cavalerie.

Le 11ᵉ régiment de cuirassiers est intégré dans la 5ᵉ division légère de cavalerie commandée par le général Chanoine. Elle est constituée des régiments suivants :
- ➢ La 6ᵉ brigade de cavalerie par le général Brown de Colstoun
    - ➢ Le 12ᵉ régiment de chasseurs par le colonel Lesne
    - ➢ Le 11ᵉ régiment de cuirassiers par le colonel Georges Labouche
- ➢ La 15ᵉ brigade légère mécanique par le colonel Evain
- ➢ Le 15ᵉ régiment de dragons portés par le lieutenant-colonel Chaumont-Morlière
- ➢ Le 5ᵉ régiment d'automitrailleuses par le lieutenant-colonel de Woillemont
- ➢ Le 78ᵉ régiment d'artillerie par le lieutenant-colonel Mailfert
- ➢ La compagnie du génie 34/1 par le capitaine Lopin

Le 11e Cuirassiers est composé des éléments suivants :

Ier groupe : capitaine Finaz
- ➢ 1er escadron : capitaine Beau ; pelotons Malivel, Ortoli, Binder, Prételat, Felici, Lt Bridoux (4e peloton)
- ➢ 2e escadron : capitaine Grognet ; pelotons Thomas, Rotschild, Meaudre, Venturini

IIe groupe : commandant Le Balle
- ➢ 3e escadron : capitaine Pillafort ; pelotons Saint-Mathieu, Lancien
- ➢ 4e escadron : Lt Cavalier ; pelotons Wattinne, de Wawisky, Lentie
- ➢ 5e escadron (de mitrailleuses et canons) : capitaine Seguin; pelotons Lt Héraud, Schmitt, Rouzée.

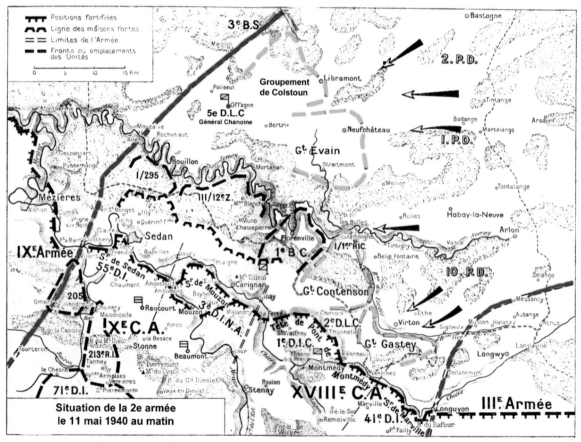

© Carte des positions françaises et allemandes dans les Ardennes et la frontière belge.

Peu avant le 10 mai 1940, le 11ᵉ régiment de cuirassiers campe à Francheval, un village à huit kilomètres à l'est de Sedan. Lors de l'attaque allemande, le 10 mai 1940, le régiment pénètre en Belgique afin de venir en aide au régiment de chasseurs ardennais belge qui combat face à l'armée allemande. Dès 9 heures le matin, le 11ᵉ régiment de cuirassiers franchit la frontière belge puis traverse la rivière la Semoy. L'objectif du régiment est de mettre en place une défense sur une ligne allant de Neufchâteau à Libramont.

Dès le 11 mai 1940, le 11ᵉ régiment de cuirassiers est sous le déluge de feu de l'ennemi près de Neufchâteau.

L'attaque allemande l'astreint à décrocher en reprenant le chemin inverse pour regagner la frontière française, en traversant de nouveau la rivière la Semoy cependant l'objectif du régiment est de retarder par tous les moyens les agressions de l'armée allemande.

Des combats violents se déroulent à Saupont (1 km à l'est de Bertrix) à Paliseul (à 20 km au nord de Bouillon) et dans la localité d'Alle-sur-Mouyaive (située sur la Semoy en aval de Bouillon).

Lors de ces engagements, un escadron est encerclé par l'armée allemande et l'escadron du capitaine Finaz perd la liaison avec le commandement du régiment.

L'escadron du capitaine Grognet est devancé sur sa ligne de retraite par l'ennemi et se retrouve coupé du reste de la 5ᵉ DLC.

© Capitaine Jean Grognet

Après avoir déboité franchement vers l'ouest, l'escadron du capitaine Grognet s'est vu fermer successivement tous les itinéraires menant vers la France. Dans ces conditions, le capitaine Grognet se décide à abandonner les chevaux pour emprunter les bois afin de mieux se camoufler à la vue de l'ennemi qui l'entoure. Il regroupe tous ses hommes et se dirige vers la Meuse. Il marche la nuit et se cache la nuit en s'infiltrant à travers les colonnes ennemies de plus en plus denses. Privé de tout ravitaillement, il finit par être encerclé le 17 mai 1940 à la frontière française. Le capitaine Grognet capitule pour éviter le massacre inutile de tous ses hommes, qui sont à bout de forces et de munitions (1).

Le 12 mai 1940, l'escadron du capitaine Finaz réussit à rejoindre Sedan et à rencontrer le général Brown de Colstoun qui lui donne l'ordre de rejoindre le gros du régiment qui a passé la Meuse pour se concentrer à Saint-Pierremont à 23 kilomètres au sud de Sedan. Le séjour du 11ᵉ régiment de cuirassiers à Saint-Pierremont est de courte durée, car l'offensive allemande se développe rapidement et irrémédiablement l'armée allemande perce entre Mézières et Sedan après avoir traversé la Meuse.

(1) Les maréchaux des logis Garder et Mongey qui était en reconnaissance et séparés de l'escadron du capitaine Grognet arriveront à passer à travers les lignes ennemies et regagneront les lignes françaises le 4 juin 1940. Ils apporteront des informations importantes qui serviront immédiatement les troupes françaises (Rapport de la 5ᵉ DLC).

Lt Meaudre
Capitaine Grognet
Lt Sibonit
S/lt Elie de Rothshild
Adj chef Vonturini
S/lt Léautey

1939 Frontière du Luxembourg la roseraie novembre

© Collection famille du capitaine Grognet : officiers du 11ᵉ Cuirassiers

Nonobstant, le colonel Georges Labouche réorganise son régiment durant ce repos de 24 heures.

Le 13 mai 1940, le 11ᵉ régiment reçoit un nouvel ordre afin de se diriger vers le nord-ouest et de défendre des positions dans la région de Saint-Aignan-sur-Bar et de Vendresse à dix kilomètres au sud-ouest de Sedan.

De nouveau, le régiment freine une forte attaque allemande en direction d'Omont et de Jonval. Sous un déluge de feu, le colonel Labouche donne des ordres précis et clairs qui permettent de ralentir l'ennemi.
Chaque pouce de terrain est défendu âprement. Chaque obstacle naturel est utilisé.

Néanmoins, l'armée allemande assaille continuellement le 11ᵉ régiment de cuirassiers. De positions en position, le 11ᵉ régiment de cuirassiers se replie jusqu'au nord de l'agglomération d'Attigny ou il subit un bombardement aérien. Rien ne leur est épargné, c'est la dure réalité du conflit.

Le 17 mai 1940, le régiment est mis en réserve au sud-est de Vouziers et bivouaque dans les bois de Falaise. Les cavaliers de 1940 durant ces huit jours de combats face à l'armée allemande se sont comportés dignement. La devise du régiment datant de 1782 « *Toujours au chemin de l'honneur* » est encore une fois validée par ces hommes de 1940 sur le champ de bataille. Le régiment reçoit les honneurs. L'armée allemande continue à s'étendre à l'Ouest et désormais elle menace d'encercler les troupes françaises engagées en Belgique ainsi que les troupes britanniques et l'armée belge. Face à cette force envahissante, le repos dans les bois de Falaise va être écourté pour le 11ᵉ régiment de cuirassiers. Le colonel Labouche doit maintenant avec son régiment établir un front continu qui, appuyé à l'est sur ligne Maginot, doit suivre le cours supérieur et moyen de l'Aisne, la Somme et remonterait par Arras vers le nord-ouest où la jonction des forces du nord et du sud s'effectuerait.

Le 19 mai 1940, la 5ᵉ division légère de cavalerie est désignée pour tenir un secteur sur la Somme. Le 11ᵉ régiment de cuirassiers quitte les bois de Falaise. Par de longues étapes de nuit, il gagne successivement Reims, Dormans, La Ferté-Milon, Betz et Senlis.

Le 25 mai 1940, le régiment atteint la région de Songeons au nord de Beauvais. Le 11ᵉ régiment de cuirassiers doit défendre un secteur en liaison avec deux divisions britanniques.
Deux escadrons du régiment sont immédiatement sur le front ; l'escadron commandé par le capitaine Destremeau et celui du capitaine Malivel. La mission consiste à résister face à l'armée allemande. Et ensuite de la refouler sur la Somme, de réduire ses têtes de pont et de tenir solidement devant le fleuve.

Ceci afin de permettre le débouché sur la rive droite des forces françaises chargées d'opérer la liaison avec les armées de Belgique et du Nord. Pendant ce temps, celles-ci continuant leur mouvement vers le Sud, rejoindrait Arras, à la rencontre de l'armée de la Somme. La première attaque doit débuter le 26 mai. Les 2e et 5e divisions légères de cavalerie, appuyées par les 2e et 3e brigades de la division Evans, doivent attaquer simultanément à l'est et à l'ouest d'Abbeville. Mais les Britanniques ne sont pas prêts, et l'attaque ne put être déclenchée que le 27 mai.

Les divisions britanniques et françaises percent sur plusieurs kilomètres dans la Somme. L'armée allemande réagit très rapidement en contre-attaquant violemment plusieurs fois, mais le 11e régiment de cuirassiers repousse les assauts avec quelques pertes humaines, dont le lieutenant Lancien. Après ces durs combats, le 11e régiment de cuirassiers est écarté de la zone de bataille. Il est cantonné dans la forêt à Puchervin. Le colonel Labouche, une nouvelle fois en profite pour remanier son régiment. Il décore les hommes et attribue des bicyclettes aux cavaliers qui n'ont plus de chevaux.

Le 28 mai 1940, la 5e division légère de cavalerie détache un groupe d'escadrons de marche, du 11e Cuirassiers et du 18e Chasseurs pour la défense des villes, du Tréport et d'Eu. Ce groupe est placé sous les ordres du colonel Labouche. Le colonel donne l'ordre au capitaine Pillafort de prendre la tête d'un détachement cycliste du 11e régiment de cuirassiers pour nettoyer le littoral. Le capitaine Pillafort pénètre à Ault le soir même et dans la nuit. Il se porte le lendemain à Cayeux, puis à New-Brighton et à la Mollière-d'Amont. Un détachement allemand signalé à la Mollière-d'Amont ne s'y trouve plus et, de proche en proche, tout le littoral fut réoccupé jusqu'à un bois qui se trouve au sud de la cote 43, dominant le Cap-Hornu et Saint-Valéry-sur-Somme. Dans la région de la Somme, les attaques successives de l'armée allemande finirent par payer et l'offensive allemande reprit. Les divisions de panzers aidées par l'aviation allemande percent et se dirigent vers la Normandie. L'aviation bombarde l'arrière du front et le 11e régiment de cuirassiers est atteint.

© Collection famille du capitaine Grognet : de gauche à droite, le lieutenant Cavalier, le capitaine Finaz et le capitaine Grognet.

© Photographie de la famille Labouche : le 5 juin 1940, décoration par le général Gastey attribuée au colonel Labouche (à gauche face au général), au lieutenant Mauzée et d'un maréchal des logis du 11ᵉ régiment de cuirassiers à Purchervin en Seine-Inférieure (Seine-Maritime).

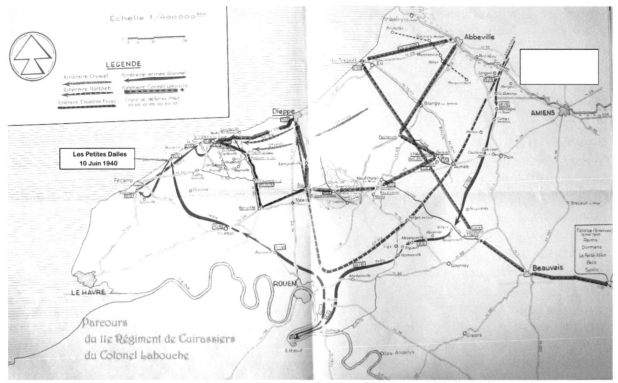

© Carte des mouvements du 11ᵉ régiment de cuirassiers de la Somme à Saint-Valery-en-Caux

Le 5 juin 1940, le régiment est alerté de cette percée et part pour la région d'Aumale, afin de coopérer à la défense des rives de la Haute-Bresle. Lorsqu'il arrive à destination, il s'installe dans le secteur de Sainte-Marguerite. Le commandement du régiment lui s'établit à Bergues.

Du 6 au 8 juin 1940, l'armée allemande attaque, mais toutes ses offensives sont repoussées par le 11ᵉ régiment de cuirassiers. C'est un échec pour la division de panzer qui leur fait face. Par malheur, à l'est, la situation est plus dramatique, elle parvint à rompre la résistance des troupes françaises et à progresser vers Forges-les-Eaux. Le 11ᵉ régiment de cuirassiers débordé par la droite doit abandonner le terrain et se replie sur Neufchâtel-en-Bray.

Le 8 juin 1940, le régiment s'établit défensivement à Brémontier, les trois oreilles et Massy. Ces trois villages se situent au sud-ouest de Neufchâtel-en-Bray. Un bombardement tue l'ensemble des chevaux de l'état-major du régiment. L'avance allemande s'accentue sur la droite du 11ᵉ régiment de cuirassiers et le colonel Labouche reçoit l'ordre de faire face, et de former un crochet défensif afin de tenir la lisière-est de la forêt de Saint-Saëns à 50 kilomètres au nord-est de Rouen. Mais l'armée allemande pousse rapidement vers Rouen et le régiment est encerclé au Nord et au Sud ce qui entraîne le renoncement de cette position.

Le dimanche 9 juin 1940, le colonel Labouche et le général de Colstoun apprennent que les Allemands ont atteint Rouen et que la seule issue reste la direction du nord-ouest vers les ports de la côte de la Manche où les troupes sont attendues pour y être embarquées. Le colonel Labouche et le gros du 11ᵉ régiment de cuirassiers se dirigent vers le port de Dieppe, à l'exception de l'escadron du capitaine Finaz, qui doit prendre la direction d'Yvetot.

119

Le lundi 10 juin 1940, l'escadron du capitaine Finaz et du lieutenant Grégoire Sainte-Marie sort de la forêt de Saint-Saëns à Bellencombre et se dirige en direction d'Auffay et de Yerville. Arrivé à Yerville, l'escadron bifurque au nord en direction de Saint-Laurent-en-Caux où il engage des combats importants dans la nuit du 10 au 11 juin devant des blindés allemands qui l'assaillent en permanence. La résistance acharnée et énergique de l'escadron aboutit par le retrait de l'armée allemande.

Le mardi 11 juin 1940 à 6 heures du matin l'escadron du capitaine Finaz reprend sa route en direction de la côte d'albâtre et non plus vers Yvetot afin de rejoindre le gros du 11e régiment de cuirassiers à Dieppe. Le colonel Labouche et le gros du 11e régiment de cuirassiers constatent qu'il est impossible d'embarquer à Dieppe et c'est vers Saint-Valery-en-Caux qu'il est désormais ordonné de se diriger. L'escadron du capitaine Finaz modifie son itinéraire et arrive à Saint-Pierre-le-Viger où il rencontre des éléments allemands. L'escadron livre le combat et il a quelques blessés. À partir de Saint-Pierre-le-Viger, l'escadron prend comme point de direction le petit port de Saint-Valery-en-Caux. Il arrive à Manneville-ès-Plains, village situé à 4 km de Saint-Valery.

Le colonel Labouche donne l'ordre au capitaine Finaz d'abandonner les chevaux et de brûler les harnachements. Quand on connaît l'attachement des cavaliers pour leurs montures, l'on peut mesurer le sacrifice qu'imposa aux hommes du 11e régiment de cuirassiers l'exécution de ces prescriptions. Mais les circonstances ne permettent pas de longues hésitations. Il faut à tout prix essayer d'arracher à l'étreinte de l'ennemi nos troupes acculées à la côte d'albâtre.

Le capitaine Finaz et son escadron continuent à pied vers Saint-Valery et retrouvent le gros du régiment aux abords de la ville. Le poste de commandement du régiment se trouve dans un chemin creux à mi-côte dénommée Avenue des Belges. Le colonel Labouche et ses adjoints le capitaine Sassy et le capitaine Meaudre sont dans un fossé à 300 mètres environ du poteau Michelin, indiquant l'entrée de Saint-Valery. Une voiture de transmission stationne devant ce poste de commandement improvisé.

Le récit de l'adjudant Felici

L'adjudant Felici nous relate les dernières heures du régiment :
« Ayant faim, je demande au lieutenant Grégoire Sainte-Marie s'il peut me donner quelques vivres. Le lieutenant ayant partagé avec moi ce qu'il possédait, je pris place auprès du capitaine Sassy sur le talus surplombant le chemin creux ou nous nous trouvions. Le colonel Labouche s'approche et plaisante au sujet de mes chevaux et me demande si je lui avais laissé son cheval "Bas Empire" pour le retour. Mon peloton qui est en tête se trouve à trente mètres environ du poste de commandement du colonel. Malgré la pluie qui commence à tomber et le bombardement, je m'endors, car je suis très fatigué.

Le lendemain, le mercredi 12 juin 1940, vers 3 heures du matin, le colonel qui avait passé une partie de la nuit sur une banquette du camion de transmission me fit réveiller ainsi que les officiers qui se trouvaient la veille avec lui et qui étaient couchés dans le fossé du chemin, enveloppés dans des couvertures. Il s'agissait pour le 11e régiment de cuirassiers de descendre à Saint-Valery-en-Caux et de tenter d'y embarquer avant le jour.

La colonne, qui comprenait les trois quarts de l'effectif du régiment, se mit en marche. Je me joignis au colonel, aux capitaines Beau, Finaz, Sassy et Seguin, qui partaient reconnaître notre point d'embarquement. Nous trouvâmes sur les quais du port la plus grosse partie des troupes qui avaient combattu dans la région. J'évalue à une dizaine de mille hommes leur effectif.

Il y avait également de nombreux Anglais. Malheureusement, aucun des bateaux dont la veille au soir nous espérions la venue n'était là. Comme le jour commençait à poindre et que nos troupes, entassées dans un étroit espace, risquaient d'être une cible trop facile pour l'artillerie et l'aviation allemande, le colonel nous fit remonter sur la falaise qui domine à l'est le port de Saint-Valery-en-Caux et revenir à nos emplacements. Il rendit compte au général de Colstoun qu'accompagnait le colonel Lesne, commandant le 12ᵉ régiment de chasseurs à cheval, de l'absence de tout bateau.

Le bombardement qui avait cessé vers minuit avait repris avec une violence accrue. Tout espoir de sauver les troupes qui se trouvaient à Saint-Valery-en-Caux ou dans ses environs immédiats et qui, encerclées dans un étroit espace, n'avaient aucune possibilité de manœuvrer paraissait perdu. L'éventualité de la cessation de la lutte fut sans doute envisagée par le commandement, car, après avoir été appelé par le colonel et être resté avec lui un quart d'heure, le capitaine Beau me transmit l'ordre de faire briser les armes et d'enterrer les munitions. »

Mais le 11ᵉ régiment de cuirassiers, succombera les armes à la main. L'ennemi avance rapidement, et l'ordre donné, bien que communiqué aux officiers et chefs de peloton, ne pourra être exécuté. Il était environ 10 heures du matin. Le bombardement se rapprochait du chemin creux, où les cavaliers du 11ᵉ régiment de cuirassiers et du 12ᵉ régiment de chasseurs à cheval étaient dispersés en plusieurs groupes. Le général de Colstoun quitte le colonel George Labouche de son poste de commandement.

Le colonel parle à ses officiers réunis autour de lui quand un obus éclata sur le toit de la voiture de transmission. Quand la fumée de l'explosion se dissipe, le colonel Labouche est mortellement frappé à la tempe par un éclat, est étendu dans la fosse du chemin. À ses côtés, tués par le même obus, gisent les capitaines André Beau, André Seguin, les lieutenants Grégoire Sainte-Marie, Jean Ortoli, le lieutenant Stanislas Dorange du 12ᵉ régiment de chasseurs à cheval, le maréchal des Logis Bique. Le capitaine André Sassy râle, le capitaine Jean Meaudre est grièvement blessé ainsi que l'adjudant Forestier. Le lieutenant Desouches du 12ᵉ régiment de chasseurs à cheval qui est à 20 mètres environ du groupe reçoit également une grave blessure.

La voiture de transmission a pris feu et commence à flamber. L'adjudant Felici qui accourt place le capitaine André Sassy sur une civière tandis que le capitaine Jean Meaudre et l'adjudant Forestier reçoivent les premiers soins.
Le général de Colstoun est revenu sur ses pas, s'approche du groupe. Le spectacle qui s'offrit à ses yeux le remplit de douleur. Gravement, il salue les corps inanimés de tous ces braves qu'il a si souvent menés à la bataille.

Cependant, les Allemands sont très proches. L'adjudant Felici donne au général de Colstoun l'adresse de la femme du colonel Labouche, il a le temps de retirer de l'une des poches de la vareuse du colonel le portefeuille qui la garnissait et d'enlever la grenade du casque.

Puis pieusement, après lui avoir fermé les yeux, il embrassa le colonel sur la joue droite pour sa femme, ses enfants ainsi que tous ceux à qui il était cher. Quelques instants après, les Allemands faisaient prisonniers les héroïques survivants du 11ᵉ régiment de cuirassiers ainsi que le général de Colstoun.

© Le capitaine Prételat est au 1ᵉʳ escadron en 1940. Il porte son calot du 11ᵉ Cuirassiers. Photographie prise à sa dernière venue en juin 2010 aux cérémonies de St Valery-en-Caux.

Les Allemands rendent un hommage mérité à la vaillance de leurs adversaires.

Les corps du colonel Georges Labouche, du capitaine André Beau, des lieutenants Grégoire Sainte-Marie et Stanislas Dorange furent mis quelques heures plus tard sur une voiture par les soins de l'adjudant Dillies, puis ensevelis côte à côte, à l'entrée d'une prairie avec des pommiers, située à proximité de l'église de Saint-Valery.

Une seule croix portant l'épitaphe « *Ici reposent quatre officiers français* » fut placée sur la tombe.

La mise en bière eut lieu le samedi 21 septembre 1940, en présence des familles des glorieux disparus, de monsieur le curé de Saint-Valery, du maire et d'un médecin de la localité. Monsieur le Curé dit la prière des morts et donna l'absoute.

Depuis, les corps ont été transférés à la lisière opposée du cimetière.

© Collection famille du capitaine Grognet : tombes du capitaine André Sassy, sous-lieutenant Jean Ortoli et le capitaine André Séguin, du 11ᵉ Cuirassiers, en 1940 à Saint-Valery-en-Caux.

Le lieutenant Héraud et ses hommes embarquent à Veules

Colonel LABOUCHE

© Archives du 11ᵉ régiment de cuirassiers

Le lieutenant Héraud du 11ᵉ régiment de cuirassiers a pu embarquer sur un navire à Veules-les-Roses avec deux pelotons et demi. Il relate ce fait à travers un courrier adressé à Mme Labouche en date du 11 novembre 1940 :

« Comment vous décrire ma stupeur douloureuse à mon arrivée en France libre au mois de juillet dernier, à l'annonce de la mort du colonel Labouche ?

Ses magnifiques qualités, je pus les apprécier à loisir quand, à la bataille de la Somme, j'eus l'honneur d'être préposé, pendant quelques jours, avec mon détachement, à la garde du PC à la popote, nous admirions la foi vibrante du colonel Labouche dans les destinées de la France et, la nuit venue, la faiblesse de mes moyens si disproportionnée avec le caractère sacré de ma mission, me tenait éveillé.

Combattant presque jour et nuit, nos escadrons, réduits à deux ou trois maigres pelotons, tentèrent de barrer la route au flot des Allemands qui se ruaient vers la Seine.

Dès le samedi 8 juin 1940, notre sacrifice était inutile, nous étions coupés de l'armée. Englobés dans la masse des colonnes allemandes, nous faisions tête de tous côtés, sans espoir et la rage au cœur. Quels terribles souvenirs ! Exténuée de fatigue, sans nourriture ni sommeil, en proie aux pièges de toutes sortes, sans nul espoir, la mort était attendue comme le repos après un rude effort. Nous n'en fûmes pas tous jugés dignes…

Le lundi 10 juin 1940, j'étais coupé du régiment. Le 11, nous enfoncions nos barrières et retrouvions le 11ᵉ régiment de cuirassiers à Veules-les-Roses. Nos munitions s'épuisaient, bientôt ce serait la fin, à moins que des bateaux ne viennent nous prendre. Vers 17 heures, les Allemands nous attaquaient. Je vis le colonel pour la dernière fois. Il se dirigeait vers Saint-Valery-en-Caux où devait s'installer son poste de commandement. Peu de temps après, je recevais de lui un ordre d'embarquement éventuel. Un combat confus s'engagea.

Pendant la nuit, les Allemands s'emparèrent des deux embarcadères de Saint-Valery et de Veules. Au petit jour, contre attaquant avec fureur, nous reprenions Veules.

C'est alors que je pus embarquer les deux pelotons et demi dont j'avais le commandement ; nous n'avions plus un coup à tirer. L'embarquement eut lieu au milieu d'une bousculade affreuse. Les chars allemands nous bourraient dedans. Impossible de savoir quels éléments avaient embarqué…

Partis de Rennes le 18 juin, nous arrivions en France libre le 9 juillet. Je n'oublierai jamais mon premier colonel et le 11ᵉ régiment de cuirassiers ».

Le 11ᵉ régiment de cuirassiers sera reconstitué en 1941 à la caserne de la Part Dieu à Lyon et dissous en 1942 lorsque les Allemands envahiront la zone libre.

Beaucoup des soldats de ce régiment seront des maquisards dans le Vercors.

© Archives du 11e régiment de cuirassiers

© Photographie de l'auteur prise devant le monument dédié aux morts du 11e Cuirassiers et du 12e Chasseurs à Saint-Valery-en-Caux.

SOUVENEZ-VOUS DANS VOS PRIÈRES

D U

Colonel Georges LABOUCHE

Commandant le 11ᵉ Régiment de Cuirassiers

OFFICIER DE LA LÉGION D'HONNEUR
DÉCORÉ DES CROIX DE GUERRE DE 1914 ET 1939
AVEC 7 CITATIONS

Mort pour la France à Saint-Valéry-en-Caux

le 12 Juin 1940

à l'âge de 56 ans.

Vierge Sainte, au milieu de vos jours glorieux, n'oubliez pas les tristesses de la terre.

Ayez pitié de ceux qui s'aimaient et qui ont été séparés.

Donnez à tous l'espérance et la paix.

Souvenez - vous dans vos prières
de
André SEGUIN

Capitaine au 11ᵉ régiment de Cuirassiers
Chevalier de la Légion d'Honneur, Croix de Guerre
Mort pour la France le 12 Juin 1940

———

Citations à l'ordre du Corps d'Armée.

Du 4 Juin 1940 :

Capitaine ayant porté très haut le moral de son unité ; en a été récompensé par la tenue de ses cavaliers au feu.

Au cours du repli de Belgique et des Ardennes, a vu ses canons de 25 détruire 12 engins blindés ennemis. A, par son action personnelle, tiré le meilleur parti de ses moyens de feux.

Du 4 Juillet 1941 :

Le 10 Juin 1940, à Bellencombre, chargé d'organiser un point d'appui sous le feu, a affirmé une fois de plus ses belles qualités de bravoure et de sang-froid, s'y est maintenu la plus grande partie de la journée devant des forces supérieures et ne s'est replié que sur ordre.

A été tué glorieusement le 12 Juin à St-Valéry-en-Caux.

© Collection privée : Le capitaine André Seguin du 11ᵉ régiment de cuirassiers.

© Collection privée : le lieutenant André Seguin qui sera ensuite capitaine dans le 5ᵉ escadron du 11ᵉ Cuirassiers.

© Collection famille du capitaine Grognet : le colonel Labouche (au centre) entouré de tous ses officiers.

Chapitre 5

La 51e division écossaise (51st Highland Division)

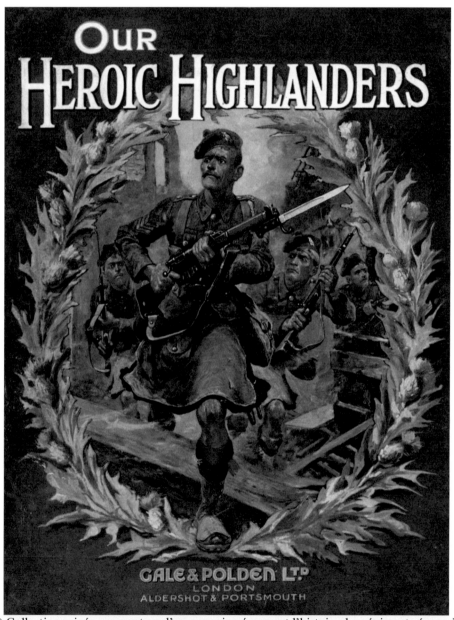

© Collection privée : couverture d'un magasine évoquant l'histoire des régiments écossais

Sa naissance durant la Première Guerre mondiale

La Highland Division est mobilisée le 4 août 1914 lors de la déclaration de guerre avec l'Allemagne.

Elle est envoyée à Bedford en Angleterre pour son entraînement militaire avant son embarquement à la mi-août 1914.

Elle ne s'appelle pas encore la 51st Highland Division.

Elle se compose des régiments suivants :

- Le 4e régiment de Seaforth, le 4e et 6e régiment de Gordon, le 4e régiment de Cameron, le 7e régiment des Black Watch et un bataillon venant de quatre régiments du Lancashire.

Deux bataillons de chaque régiment de la division partent en France durant l'hiver 1914-1915.

La 51e Highland Division (51e division écossaise) est issue de ces régiments et est née le 11 mai 1915 en France. Elle se compose respectivement de deux régiments écossais et d'un régiment anglais : la 152e brigade de « Seaforth et Argyll » du 153e régiment de « Black Watch et Gordon » et du 154e régiment du Lancashire. Tout au long de ce conflit, les troupes britanniques sont cantonnées en Seine-Inférieure et arrivent dans les ports du Havre et de Rouen.

Le premier combat de cette toute nouvelle division se situe les 15 et 16 juin 1915 à Festubert, les pertes y sont très importantes et les progrès presque nuls.

En juillet 1916, la division, qui est impliquée dans la bataille de la Somme, tente de repousser les Allemands d'un grand bois avec un succès relatif.

Les déceptions de la bataille à Festubert et de cette dernière offensive face aux Allemands sont effacées par le succès de l'assaut contre les positions allemandes de Beaumont-Hamel en novembre 1916, lors de la bataille de l'Ancre.

La réussite de cette attaque est suivie en 1917 par les batailles de la Scarpe, de la crête de Pilkem, de la route de Menin et de Cambrai. La renommée de la division pour sa ténacité au combat devient ainsi légendaire.

Les Allemands donnent un surnom aux Écossais : *« Les demoiselles de l'enfer »* en référence à leur combativité et au port du traditionnel kilt.

À l'issue de cette première guerre mondiale, un mémorial est retenu pour se souvenir des combats et du sacrifice de ces soldats écossais. Le village de Beaumont-Hamel situé au nord de la ville d'Albert est choisi.

Ce champ de bataille de Beaumont-Hamel est conservé en l'état et une statue d'un highlander est érigée dans le fond de l'ancien champ de bataille et sous la garde de deux lions.

Elle est inaugurée le 28 septembre 1924 en présence du maréchal Foch. Lors de son discours, le maréchal soulignera le courage, la cohésion et la détermination qui ont assuré le succès de la division.

Cette statue sera reproduite en miniature et en argent massif afin que la 51e Highland Division conserve en mémoire ces combats héroïques des soldats de 1914-1918. Elle est aujourd'hui exposée dans le musée de Fort-George situé à côté d'Inverness.

© Musée du régiment Black Watch à Perth (Écosse), soldats écossais le 25 septembre 1915 à Loos.

© Musée du régiment Black Watch à Perth (Écosse), entente cordiale entre Écossais et Français.

© Musée du régiment Black Watch à Perth (Écosse), photographie de soldats du régiment de Black-Watch à Fort-George à côté de la ville d'Inverness.

© Musée du régiment Black Watch à Perth (Écosse), le roi Georges VI accompagné de sa femme et de sa fille Elizabeth, future reine.

© Musée du régiment Black Watch à Perth (Écosse), soldats du régiment Black-Watch.

© Musée du régiment Black-Watch à Perth (Écosse), le génie écossais qui construit un pont.

© Musée du régiment Black Watch à Perth (Écosse), des véhicules britanniques durant la Première Guerre mondiale.

© Musée du régiment Black Watch à Perth (Écosse), soldats dans les tranchées.

© Musée du régiment Black Watch à Perth (Écosse), soldats dans les tranchées

©Collection auteur : Rouen 1916, la vie communale est bien représentée sur cette gravure où on peut distinguer une forte présence militaire Franco-Britannique.

©Collection auteur : Rouen 1917, deuxième gravure de Julien Felt où la présence militaire est toujours d'actualité.

©Photographie de l'auteur : les tranchées du champ de bataille à Beaumont-Hamel.

©Photographie de l'auteur : vue arrière de la statue de Beaumont-Hamel.

©Photographie de l'auteur : la statue au centre du chemin de bataille encadrée par deux lions assis.

©Photographie de l'auteur : un des cimetières britanniques de Beaumont-Hamel.

©Photographie de l'auteur : la superbe statue du highlander de la 51ᵉ Highland Division dont le sigle est incrusté dans le socle : « HD » pour Highland Division. Elle a été inaugurée le 28 septembre 1924 en présence du Maréchal Foch.

©Photographie de l'auteur : plaque avec une inscription en gaélique sur le côté du socle de la statue
où il est écrit : « Qu'il est bon d'avoir des amis pendant une bataille ».
Nous retrouvons cette même inscription gravée dans le granit du monument de Saint-Valery-en-Caux.

©Photographie de l'auteur : plaque fixée aussi sur le socle de la statue avec une épitaphe en hommage à
la 51e Highland Division et à la vieille alliance entre l'Écosse et la France.

©Collection auteur : inauguration de la statue le 28 septembre 1924 à Beaumont-Hamel.

LES FÊTES DE LA VICTOIRE A PARIS — 14 JUILLET 1919
Le Défilé - Troupes Ecossaises

©Collection privée : écossais défilant sous l'Arc de Triomphe à Paris.

12. DÉFILE DE LA VICTOIRE - 14 Juillet 1919
Les "Big Écossais", Place de la République

©Collection privée : les écossais du régiment des Seaforths reconnaissables avec leur insigne sur le béret écossais.

"Le 14 Juillet à PARIS en 1916" — Écossais et Anglais sur les Grands Boulevards

©Collection auteur : les écossais du régiment des Seaforths.

FUNÉRAILLES du MARÉCHAL FOCH — Les Highlanders

©Collection auteur : funérailles du Maréchal Foch en présence des Écossais.

Le Maréchal Foch décède le 20 mars 1929 et les Écossais participent aux funérailles qui ont lieu le 26 mars 1929. 10 ans plus tard, la guerre réunit encore une fois la 51e division écossaise et les troupes françaises face à un nouveau conflit et avec le même adversaire.

La 51e division écossaise intégrée dans l'armée française

La 51e division écossaise commandée par le général Victor Fortune quitte le port de Southampton le 23 janvier 1940 et elle arrive sur le sol de France dans le port du Havre. Elle est installée jusqu'en mars à Béthune et à Lille. En avril, elle est associée avec la 3e armée française sur la ligne Maginot.

La composition de la 51e division écossaise du général Fortune

1.　152e brigade commandée par le général Stewart
   - 2e bataillon des Seaforths Highlanders par le lieutenant-colonel Barclay
   - 4e bataillon des Seaforths Highlanders par le lieutenant-colonel Houldsworth
   - 4e bataillon des Queens Own Cameron Highlanders par le lieutenant-colonel the Earl of Cawdor

   - ❖ Les soldats des bataillons des Seaforth et des Camerons sont originaires des régions d'Inverness et des îles Hébrides. Ils sont basés à Inverness et Fort-George.

2.　153e brigade commandée par le général Burney
   - 4e bataillon des Black Watch par le lieutenant-colonel Macpherson.
   - 1er bataillon des Gordons Highlanders par le lieutenant-colonel Wright
   - 5e bataillon des Gordons Highlanders par le lieutenant-colonel Alick Buchanan-Smith

   - ❖ Les soldats du bataillon des Black Watch sont basés dans la ville de Perth.
   - ❖ Les soldats des Gordons sont basés dans la ville d'Aberdeen et Dundee.

3.　154e brigade commandée par le général Stanley-Clarke
   - 1er bataillon des Black Watch par le lieutenant-colonel Honeyman
   - 7e bataillon des Argylls et Sutherland Highlanders par le lieutenant-colonel EP Buchanan
   - 8e bataillon des Argylls et Sutherland Highlanders par le lieutenant-colonel DJ Grant.

   - ❖ Les bataillons des Argylls et Sutherland Highlanders sont basés à Stirling.

4.　Le régiment de blindés de reconnaissance
   - 1er Lothians and Border Yeomanry par le lieutenant-colonel MP Ansell

D'autres régiments essentiels au fonctionnement de la 51e Highland Division lui sont dédiés :
   - l'artillerie avec le régiment du Royal Artillery
   - les transmissions avec le Royal Corps of Signals
   - les soins médicaux avec le Royal Army Medical Corps
   - l'approvisionnement avec « Royal Army Service Corps »

En mai 1940, des régiments ont été rattachés à la division :
   - 51 st Medium Regiment
   - 1st Royal Horse Artillery
   - 97th Field Regiment Royal Artillery
   - 213th Army Field Company

- ➤ 1st Battalion Princess Louise's Kensington Regiment
- ➤ 7th Battalion the Royal Northumberland Fusiliers (région de Newcastle)
- ➤ 6th Battalion the Royal Scots Fusiliers (région d'Édimbourg)
- ➤ 7 th Battalion the Royal Norfolk Regiment commandé par le Colonel Debenham (région du Norfolk)
- ➤ 2/7th Battalion the Duke of Wellington's commandé par le lieutenant-colonel G. Taylor (région de Manchester)

La 51e division écossaise est donc intégrée dans la 3e armée française et plus précisément dans un secteur entre la Sarre et la Moselle, à environ 30 km au nord-est de la ville de Metz.
Des combats ont été engagés du 7 mai jusqu'au 20 mai sur cette ligne face à l'armée allemande.

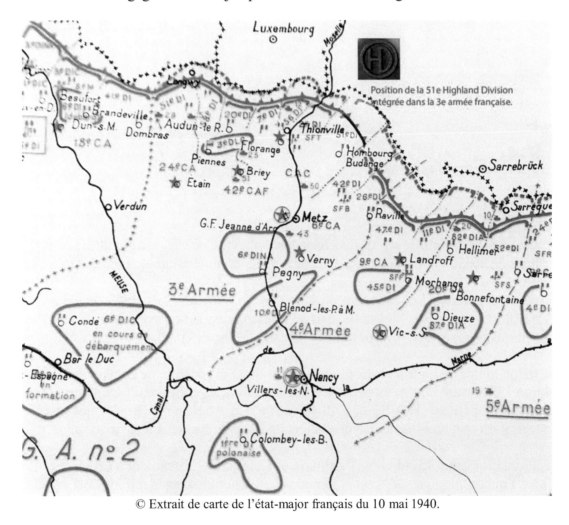

© Extrait de carte de l'état-major français du 10 mai 1940.

À cette date du 20 mai 1940, la division est mise en réserve et reçut l'ordre de se rendre dans les environs de la ville d'Ethain. Le mouvement de la division vers Ethain s'achève le 22 mai 1940.
Le 23 mai 1940, la 51e division écossaise est envoyée à Montmédy pour apporter de l'aide à l'armée française qui est en difficulté.
À l'aube du 25 mai, tout ce qui peut être transporté par camions fut rassemblé dans le secteur de Grandpré-Varennes et le reste prend le train. À ce moment, la bataille de France est sur deux fronts, l'un sur l'évacuation de Dunkerque et l'autre sur la résistance Franco-Britannique entre Arras et la Somme.
Le chaos est grand et les ordres aussi. En fait de Montmédy, la division écossaise est envoyée en Normandie.

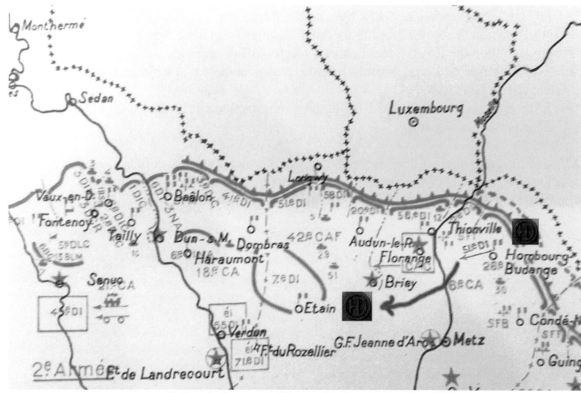

© Extrait de carte de l'état-major français du 22 mai 1940

Le 28 mai 1940, elle est à Gisors.

Le commandement planifie son déplacement sur Abbeville où elle doit prendre la responsabilité d'un front de 26 km qui s'étend de la côte, près de Saint-Valéry-sur-Somme, jusqu'à l'intérieur des terres.

La division doit attaquer en concertation avec l'armée française. Les unités blindées françaises sous les ordres du colonel de Gaulle sont déjà rentrées en action pour déloger les Allemands des positions prises au sud d'Abbeville, et ont subi de lourdes pertes.

La division monte en ligne tout début de juin, lorsque l'évacuation de Dunkerque est terminée. Le 4 juin 1940, avant l'aube, un barrage d'artillerie français et britannique annonce le début de la dernière importante bataille des alliés contre les Allemands. Tandis que les Écossais avancent, il est tout de suite visible que la reconnaissance des lieux a été inadéquate.

La coordination entre les blindés, l'artillerie et l'infanterie britannique et française n'est pas parfaite. Pourtant, malgré des pertes humaines et matériels considérables, tout spécialement chez les Seaforth et les Camerons de la 152ᵉ brigade, quelques bataillons atteignent leurs objectifs infligeant de lourdes pertes à l'ennemi.

La division stoppe la poursuite de l'attaque lorsque l'évacuation de Dunkerque est finalisée puisque les Allemands retrouvent la totalité de leurs forces terrestres et aériennes pour se ruer sur la Somme.

La première poussée allemande débute le 5 juin ayant pour but la ligne de défense tenue par la division écossaise. Le combat est tout à fait inégal le long des positions écossaises et des corps à corps se déroulent contre des forces écrasantes.

En résistant aux puissantes attaquent sur sa position à Franleu, à 26 km à l'ouest d'Abbeville, le 7ᵉ Argyll a perdu plus de 500 hommes, morts et blessés.

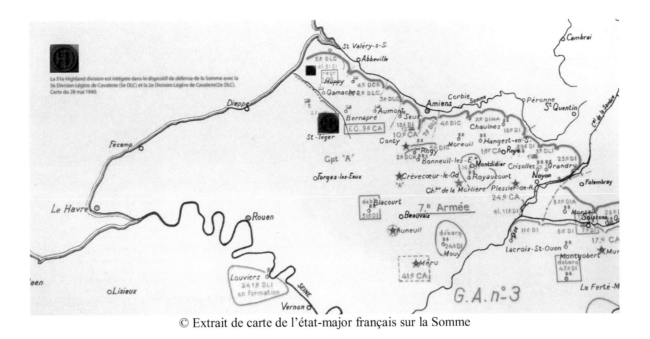
© Extrait de carte de l'état-major français sur la Somme

Sévèrement meurtrie la 51ᵉ division écossaise se replie à la tombée de la nuit, jusqu'à la Bresle à 24 km au Sud.

Le 6 juin 1940, le recul de la division sur la Bresle se poursuit. Il en résulte un front de combat sur 20 km reculant de concert avec l'armée française, la division soutient des combats acharnés contre l'avance allemande pour empêcher de tirer profit du recul des alliés. Le 1ᵉʳ régiment de Lothians et Border ainsi que la 2ᵉ division légère de cavalerie française subissent de lourdes pertes en repoussant les assauts allemands. Pourtant, au Sud la 51ᵉ division écossaise et les Français sont débordés, par les 5ᵉ et 7ᵉ divisions de panzers allemandes.

Les troupes franco-britanniques envisagent depuis la Somme un repli au sud de la Seine pour former une nouvelle défense face à l'ennemi. La position au nord de la Bresle devient intenable et le repli au Sud est engagé dans la nuit. La 51ᵉ division écossaise continue de tenir la ligne de front au sud de la Bresle, les unités blindées allemandes, suivies de près par leur infanterie foncent au sud-est vers Rouen. Ils atteignent la route nationale qui relie Dieppe à Paris le 7 juin.

Si les Allemands atteignent Rouen, c'est une menace pour les troupes franco-britanniques d'un autre encerclement comparable à celui de Dunkerque. Les forces alliées sont débordées par les forces allemandes. La retraite rapide par la Seine à l'ouest de Rouen est préparée. La division écossaise est placée sous le commandement du général Ihler, général du 9ᵉ corps d'armée français. Une planification d'un rapide recul vers Rouen est escomptée, car les Allemands n'ont pas encore atteint cette ville.

Le quartier général français estime possible l'idée d'une force unique franco-britannique opérante à l'ouest de la Seine. Leur confiance se renforce par l'arrivée, le 8 juin à Cherbourg, Saint-Malo et Brest de la 52ᵉ division des Lowlands. La retraite de la 51ᵉ division écossaise depuis la Bresle commence durant la nuit du 8 au 9 juin. La division se sépare en deux parties pour que l'une d'elles puisse reculer plus rapidement grâce à l'autre qui maintient le contact avec l'ennemi afin de le tenir en échec.

Le matin du 9 juin 1940, les Allemands entrent dans la ville de Rouen.

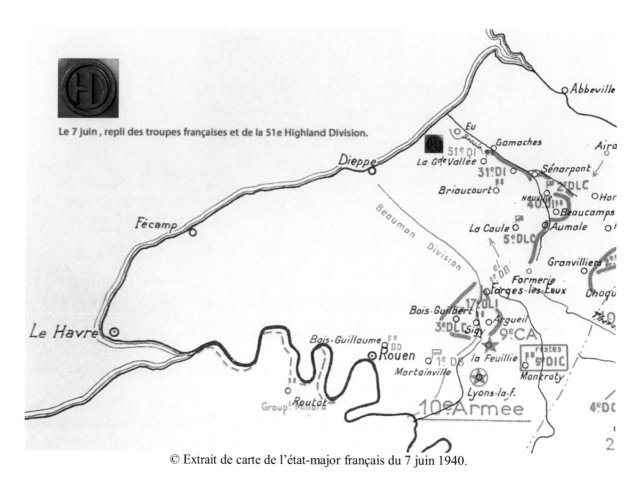

Le 7 juin , repli des troupes françaises et de la 51e Highland Division.

© Extrait de carte de l'état-major français du 7 juin 1940.

Des forces alliées ont déjà reculé à l'ouest de la Seine, détruisant les ponts après leur passage et laissant, derrière eux, le 9ᵉ corps d'armée et la 51ᵉ division écossaise à leur propre destin, car l'ordre de retraite sur la Bresle est arrivé trop tard. Cerné à l'ouest, à l'est et au sud par les Allemands, le seul espoir des Français et des Britanniques reste l'évacuation par les ports normands de la Côte-Nord. C'est la seule issue ou alors prendre la décision de capituler.

Le général Fortune commence à soupeser quel est le port à choisir pour mettre à exécution l'évacuation, non seulement de sa division, mais aussi des Français. Il envisage un embarquement au nord de l'encerclement allemand pour débarquer ensuite dans la région de Caen et se regrouper avec les autres forces alliées (*).
Peu de personnes, à ce moment-là, projettent une grande évacuation par la Manche, pourtant, certains conseillers de la marine recommandent l'embarquement au Havre, car le port de Dieppe est déjà bloqué par des navires coulés. Le port de Saint-Valery-en-Caux est trop petit avec son ancrage peu profond, c'est une solution inconcevable.
Un périmètre de défense doit être installé à l'intérieur des terres autour du Havre, où la 51ᵉ et les Français pourraient se retirer en toute sécurité. Pour réaliser cette défense, une force britannique est constituée et appelée « Arkforce ».

Elle quitte la ville d'Arques-la-Bataille dans la nuit du 9 au 10 juin 1940. Elle rejoint le Havre avant que les Allemands ne coupent la route de la 51ᵉ division écossaise restante et des divisions françaises du 9ᵉ corps d'armée du général Ihler.

La 51ᵉ division écossaise n'a presque plus de ravitaillement, de munitions, ni d'essence.

(*) Ironie de l'histoire, cette idée de débarquer dans la région de Caen sera réalisée en juin 1944, sur les plages d'Arromanches, etc.)

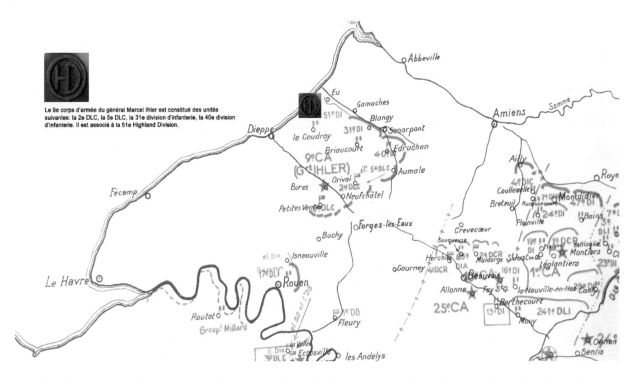

© Extrait de carte de l'état-major français avec l'inscription du 9ᵉ corps d'armée du général Marcel Ihler, le 8 juin 1940

La prise de Rouen l'a coupée des ressources de son intendance, si bien que la division ne peut être ravitaillée que par ce qui pourra être improvisé au Havre. Alors que le groupe « Arkforce » a pu s'échapper à temps par cette même ville, l'encerclement allemand se resserre *(1)*.

Une reconnaissance de blindés du 1ᵉʳ régiment de Lothians and Border Horse Yeomanry accompagnée de soldats-mitrailleurs confirme la véracité du message. Ils payent lourdement leur mission de reconnaissance en perdant cinq blindés (Vickers MK VI) et 10 soldats-mitrailleurs dans la ville de Cany-Barville. Ne pouvant plus s'échapper par le Havre et le port de Dieppe étant inexploitable, Saint-Valery-en-Caux reste le seul port pour un embarquement.

Le général Fortune fait la demande puis reçoit les instructions nécessaires en vue d'une retraite sur Saint-Valery-en-Caux, dans l'espoir d'une évacuation avec l'aide de la marine française et britannique. Il ordonne alors un mouvement vers l'Ouest depuis les positions de la Béthune, le 10 juin à la nuit tombante. Le 10 juin, les unités restantes de la division consolident leur position dans la région de Dieppe. Les ponts de l'Arques et de l'Eaulne sont détruits.

Le plan de la division est de reculer graduellement durant la journée du 10, le long d'un étroit corridor entre les Allemands et le rivage de la Manche, pour arriver à la tombée de la nuit sur la Durdent à 32 km à l'ouest de Dieppe.

Tard dans la matinée, un message indique que les Allemands ont atteint Veulettes-sur-Mer et barrent le passage. Ils coupent la route vers le port du Havre.
Au matin du 11 juin 1940, la 51ᵉ Highland Division, pilotée par le général Fortune, arrive à Saint-Valery-en-Caux.
La convergence de milliers de soldats français et britanniques dans Saint-Valery-en-Caux complique les manœuvres nécessaires à la défense du petit port de pêche.

(1) Ironie de l'histoire pour Rommel, cette force constituera plus tard une partie de la nouvelle 51ᵉ division qu'il affrontera de nouveau en Afrique et en juin 1944 sur les plages de Normandie.

149

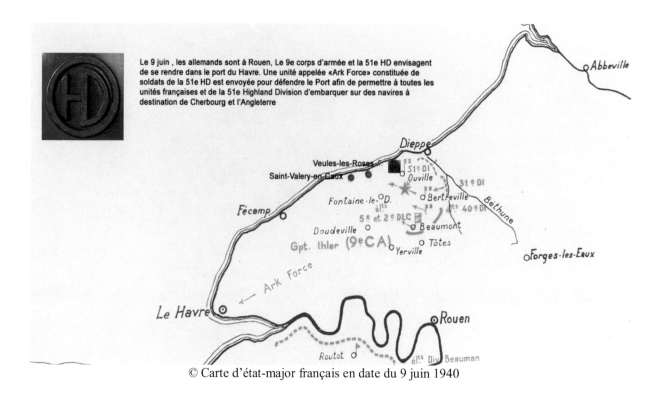

Le 9 juin , les allemands sont à Rouen, Le 9e corps d'armée et la 51e HD envisagent de se rendre dans le port du Havre. Une unité appelée «Ark Force» constituée de soldats de la 51e HD est envoyée pour défendre le Port afin de permettre à toutes les unités françaises et de la 51e Highland Division d'embarquer sur des navires à destination de Cherbourg et l'Angleterre

© Carte d'état-major français en date du 9 juin 1940

© Musée de Saumur (photographie de l'auteur) : char britannique Vickers MK VI de juin 1939.

150

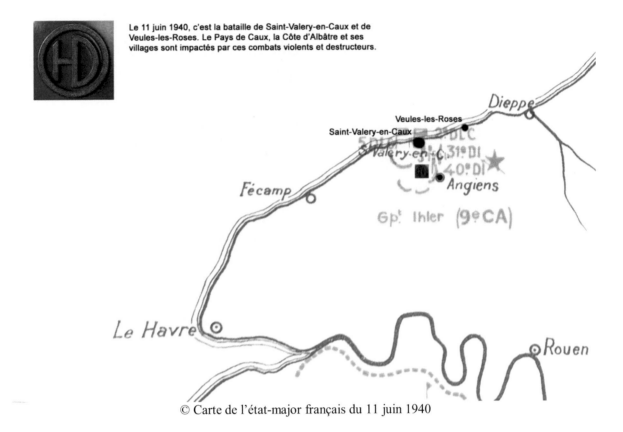

Le 11 juin 1940, c'est la bataille de Saint-Valery-en-Caux et de Veules-les-Roses. Le Pays de Caux, la Côte d'Albâtre et ses villages sont impactés par ces combats violents et destructeurs.

© Carte de l'état-major français du 11 juin 1940

Les troupes françaises sont indisciplinées, selon le colonel Swinburn, qui seconde le général Fortune, chargé d'organiser la circulation des véhicules et des troupes dans la ville et dans ses alentours.

Un flux incessant de troupes françaises perturbe le travail du colonel Swinburn.

Il constate qu'il est difficile pour tous ces soldats de distinguer avec difficulté s'il s'agit de soldats amis ou ennemis.

Pour mieux gérer ce désordre militaire, le général Fortune et son état-major se postent au carrefour routier, au sud-est de Veules-les-Roses. La plupart des troupes arrivent par la Chapelle-sur-Dun ou de Fontaine-le-Dun.

À 5 h 30 du matin, le 11 juin 1940, le 1er bataillon des Gordons est le premier à être en position de défense entre le village d'Ingouville et de Saint-Riquier-es-Plains à quelques kilomètres à l'ouest de Saint-Valery-en-Caux. Le commandement du bataillon s'établit dans un verger du village de Saint-Riquier.

Trois compagnies de ce bataillon des Gordons et la compagnie D du 7e régiment royal du Norfolk ont l'ordre de protéger la route entre Saint-Valery et Cany.

Le 4e bataillon de Camerons est établi à Neville à cinq kilomètres de Saint-Valery, dans un verger à côté de l'église et sur la route entre Neville et Ingouville. Ils sont appuyés par un peloton antichar français constitué d'un canon et d'une mitrailleuse lourde ainsi que d'un effectif de deux autres canons du 51e régiment antichars.

Le 2e bataillon des Seaforths est affecté à la défense du périmètre-ouest de Saint-Valery.

Le premier point de défense est le hameau du Tôt qui se prolonge sur une ligne défensive jusqu'au village de Saint-Sylvain.

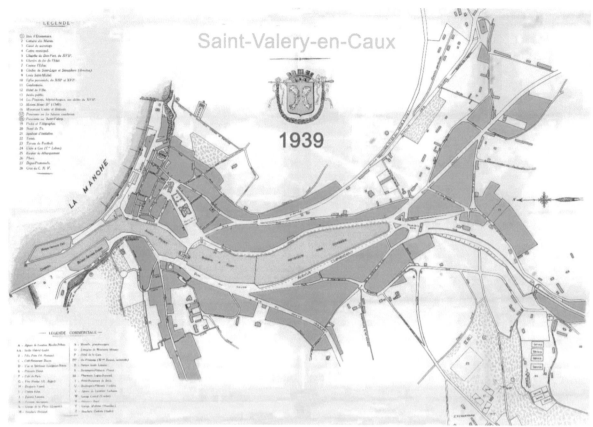

© Collection auteur : Carte de Saint-Valery-en-Caux de 1939.

INSIGNE DU RÉGIMENT DE CAMERON RETROUVÉ À NEVILLE

© Photographie de l'auteur

© Collection auteur : officiers et sergents du 2ᵉ bataillon du régiment des Seaforths Highlanders.

Dès le matin du 11 juin 1940, la défense du port de Saint-Valery-en-Caux est garantie avec ces quatre bataillons.

Le 1er régiment de Lothians and Borders est installé dans le village d'Ocqueville, de Sainte-Colombe et à la périphérie de Saint-Valery-en-Caux. À l'est, le 5e régiment de Gordons est installé sur la défense de la route entre Saint-Pierre-le-Viger et Iclon. Le 4e bataillon des Seaforths arrive vers 11 h 30 pour défendre les environs d'Iclon et de Veules-les-Roses.

À midi, le 1er bataillon des Black Watch est proche d'Houdetot et le 2/7 ^{e} régiment du duc de Wellington est à Blosseville. Le quartier général du général Fortune s'installe au château de Cailleville à cinq kilomètres de Saint-Valery.

Le général Fortune réfléchit sur la situation militaire et s'inquiète du ravitaillement pour ses hommes, qui est désormais impossible du fait que la route du Havre est coupée par les Allemands. Il n'est plus possible de se ravitailler en nourriture et en munitions. Une liaison radio-émettrice est établie avec la marine britannique afin de mettre en œuvre l'embarquement des troupes.

Les troupes françaises sont encore plus mal loties avec de graves pénuries de munitions pour les armes légères, l'artillerie et les canons antichars. Compte tenu de ces lacunes et de l'épuisement de ses hommes, qui bougent ou se battent depuis plus d'un mois, et qui ont rarement dormi une nuit complète pendant cette période, il est clair pour le général Fortune que l'embarquement cette nuit-là est impératif.

À 8 h 45, il adresse un message à l'amiral James à Portsmouth, avec une copie pour le War Office, à l'amirauté française et à la capitainerie du Havre.

© Collection famille Jourde.

Il disait : « *Prévoyez d'embarquer toute la force ce mardi soir à condition que des navires et des bateaux de transport suffisants soient disponibles. Son embarquement ne peut être achevé ce soir, proposez de continuer mercredi après-midi. Estimation des effectifs britanniques (12 000) français actuellement 5000 (peut-être 10 000).*
Considérez que la supériorité aérienne est essentielle pour neutraliser les batteries de rivage. Des échelles et des filets sont nécessaires pour faciliter l'embarquement. L'heure de départ et les plages à utiliser seront signalées. Embarquement ce soir considéré comme essentiel en raison de la probabilité d'attaque et de pénurie de rations d'essence et de munitions ».

Peu de temps après l'envoi de ce message, un autre lui est adressé du War Office. Il comprenait une copie de l'ordre de Weygand du précédent jour pour le IXe Corps d'armée de continuer à traverser la Seine, et se terminait en rappelant au général Fortune : « *L'importance d'agir en stricte conformité* » avec les ordres que le commandant du IXe corps peut donner ».

À 10 h 10, la réponse au message du War Office est envoyée. Elle est rédigée par le commandant Elkins et autorisée par le général Fortune, il rejette sèchement l'ordre de Weygand : « *Impossibilité physique du 9e Corps d'armée commandé par le général Ihler de s'approcher de la Seine. Dans le même bateau que moi. Chiffre du 9ᵉ Corps estimé maintenant à 10 000 — le nombre de Britanniques 12 000, total 22 000. Le contrôle aérien de la zone ennemie autour de ma tête de pont est essentiel. Les hommes aimeraient voir les Allemands bombardés* ».

La principale demande de ce message est une demande non seulement de couverture aérienne, mais aussi de « contrôle » aérien. Le général Fortune ne sait que trop bien que sans elle, toute évacuation est menacée à la fois par les batteries côtières et les attaques aériennes.

En final, cette demande d'appui aérien ne sera jamais mise en œuvre. Un nouveau message en provenance du War Office, envoyé à 12 h 40, ne sert qu'à confirmer les priorités politiques du gouvernement britannique. On y lit : « *Aucune évacuation à effectuer sans l'autorité française. Donner des informations sur les endroits les plus appropriés pour les fournitures de débarquement* ».

Bien qu'aucune autorisation n'ait été donnée pour l'évacuation, le matin du 11 juin 1940, la Navy se prépare à cette évacuation par Saint-Valery-en-Caux. L'armada de l'amiral James de plus de 200 bateaux a mis les voiles pour Saint-Valery-en-Caux durant la nuit, et à 6 heures du matin, deux destroyers et le transport S.S. Hampton arrivent devant le front de mer de Saint-Valery. À bord du navire, le « S.S. Hampton » se trouve le lieutenant Hemans, un officier de la marine responsable de cinq groupes, qui doivent se rendre sur terre et superviser l'embarquement.

Bien que sans ordre précis, le lieutenant Hemans réquisitionne une vedette à moteur et arrive dans l'avant-port de Saint-Valery-en-Caux à 7 h 30. Le commandant Elkins, l'officier de liaison navale de la 51e division l'accueille sur la digue à l'entrée du port. Après avoir informé le lieutenant Hemans des dispositions prises par les troupes du 9ᵉ Corps d'armée du général Ihler, le commandant Elkins lui ordonne d'organiser les points d'embarquement et les lieux de rassemblement. Il donne à Hemans sa fréquence de radio sans fil et son indicatif d'appel et lui dit qu'il ordonnancerait l'installation d'un émetteur sur la digue, où Hemans placerait un bateau avec une lampe de signalisation Aldis. Pour l'évacuation des troupes, le commandant Elkins lui indique qu'elle doit débuter à 22 h 30.

© Collection IWM : colonne de prisonniers français et britanniques dont le commandant Elkins.

© Collection auteur : vue de Saint-Valery-en-Caux avec deux drapeaux indiquant les positions des troupes pour l'embarquement prévu dans la nuit du 11 au 12 juin 1940.

Bill CRIGHTON
Royal Corps of Signals
Quartier général de la division
Prisonnier à Cailleville
le 12 juin 1940

2/06/1919 - 24/03/2014
Aberdeen

© Le 11 juin 1940, Bill Crighton est au quartier général du général Fortune basé au château de Cailleville.
Il sera fait prisonnier dans la cour du château par les Allemands, le 12 juin 1940.
Il était venu lors des commémorations du 60ᵉanniversaire de la bataille de Saint-Valery en juin 2000
avec le général Derek Lang et ensuite en 2009 et 2010 pour la dernière fois.

Laissant Hemans à sa tâche, Elkins retourne ensuite au château de Cailleville, rejoindre le général Fortune pour l'informer des dispositifs en cours pour l'embarquement de ce soir.
Le général Fortune lui confirme de sa décision d'embarquer ce soir.

À 10 h 30, Elkins revient au port, après avoir rédigé un message à 10 h 10 au War Office. Il dit à Hemans que le général Fortune a irrémédiablement décidé de commencer l'embarquement cette nuit-là. Les deux officiers de la marine se sont alors mis d'accord sur le plan final d'évacuation. Les troupes britanniques se placeront sur la plage à l'est de l'entrée du port, et aussi à deux autres points sur la digue orientale, en prévision d'un embarquement dans la nuit.

Les troupes françaises, estimées au même nombre, utiliseront la plage à l'ouest de l'avant-port et un à l'entrée de l'intérieur du port. Une fois de plus, Elkins est parti pour informer le général Fortune, mais quand Hemans est revenu à l'endroit où il avait laissé sa vedette à moteur, il constate qu'elle est partie et que tous les navires sont hors de portée de toute signalisation.
Au cours de la matinée, les bateaux au large de Saint-Valery-en-Caux ont essuyé le feu d'une batterie allemande installée sur des falaises à trois milles à l'ouest de la ville et on leur a ordonné de s'éloigner de la côte.

À midi, la batterie allemande se tourne vers le centre-ville et la plage pour les bombarder.

Le lieutenant Hemans ne peut toujours pas entrer en contact avec les bateaux

À 13 h 15, il décide de prendre un bateau de pêche du port avec ses hommes afin de reprendre contact avec les navires au large. Au cours de la matinée, le général Fortune organise au mieux les structures de défense et de commandement pour la réussite de l'embarquement prévue cette nuit du 11 juin 1940.

À 13 h 30, le général Fortune s'installe dans une villa à l'ouest du port.
C'est dans cette demeure devenue son quartier général qu'il rencontre le commandant Debenham et le commandant en second le major Johnson du 7e bataillon du Royal Norfolk.

Les deux officiers lui proposent une nouvelle ligne de défense autour de la ville à partir des deux flancs de falaise avec un renforcement de batteries. Le lieutenant Hemans et ses hommes, après avoir dérivé une grande partie de la journée, prennent contact avec un bateau britannique nommé « le Sir Evelyn Wood » et il est 21 h.

Malheureusement, ce navire marchand n'a pas de radio et Hemans n'est pas en mesure de transmettre le plan d'évacuation à la marine.

Le lieutenant Hemans ne peut pas non plus avertir le général Fortune.

© Les vétérans de la 51e Highland Division en juin 2000 à Saint-Valery-en-Caux.

© Collection auteur : Saint-Valery-en-Caux avant les bombardements de juin 1940

©Collection auteur : photographie de Saint-Valery-en-Caux prise le 12 juin 1940 après la reddition.

Frank Madle
7e bataillon
du Régiment du Royal Norfolk

20/02/1920 - 09/03/2018
Snettisham (Angleterre)

- Le 11 juin 1940 , défense dans la ville de
Saint-Valery-en-Caux.
- Le 12 juin 1940, il est fait prisonnier sur
la place de la mairie.

© Frank Madle viendra régulièrement à Saint-Valery-en-Caux pour commémorer les combats de juin 1940, notamment en 2010 pour le 70ᵉ anniversaire. Sa dernière venue à Saint-Valery sera en 2012.

John Edwin NURSE
Tué le 11 juin 1940
à l'âge de 26 ans.
Inhumé à Saint-Valery-en-Caux

© Le soldat Nurse était originaire de Dersingham dans le Norfolk.

Les combats du 2e bataillon des Seaforths

Le major James Murray Grant est le commandant du 2e bataillon de Seaforths.

Avec ses hommes, il doit défendre un terrain de 2500 mètres avec une topographie qui pose des difficultés à l'organisation militaire de ce secteur.

Grant décide de concentrer le bataillon en deux points forts distants d'un kilomètre entre le hameau du Tôt et le village de Saint-Sylvain.
Les deux lieux se composent d'une série de fermes et de vergers imbriqués.

À l'origine, la compagnie A devait être affectée dans le hameau du Tôt avec un régiment français. Ce régiment n'étant jamais arrivé, la compagnie D a été affectée avec la A, pour 11 heures du matin.

À Saint-Sylvain, les compagnies B et C sont placées dans deux vergers à l'arrière du village.

À 11 h, le major Grant décide de se rendre en personne chez le général Fortune pour demander un soutien d'artillerie.

On lui dit qu'une batterie du 1er Royal Horse Artillery est en cours d'acheminement et que certains canons du 51e régiment antichar remontent également.

L/CPL William SHAYER
Matricule 2980468
2e bataillon de Seaforth
14/01/1918 - 01/06/1986

Le 12 juin 1940, prisonnier à St-Valery-en-Caux

© Collection privée et famille Shayer

161

AUBREY Frederick
SERGENT
(1910–1940)
Matricule 2562499

2e Bataillon
de SEAFORTH HIGHLANDERS
tué le 11 Juin 1940
à SAINT-SYLVAIN
proche de St Valery-en-Caux

**Inhumé dans le cimetière militaire de St-Valery
en soldat inconnu du fait de sa blessure à la tête.**

© Famille Aubrey : sergent Frederick Aubrey

162

© Collection privée : photographie d'un détachement de la Royal Artillery prise en 1939 sur l'île de Lewis à Stornoway, peu avant le départ en France.

À 13 h 30, un officier d'observation de l'artillerie, le capitaine Nicholson, équipé d'une radio s'installe au hameau du Tôt avec un officier du régiment d'antichar, le sous-lieutenant Burnett, qui effectue une reconnaissance pour placer ses canons. Burnett quitte le hameau du Tôt pour réussir la mission de ramener ses canons aux emplacements prévus.

Une demi-heure plus tard, les défenseurs de Saint-Sylvain sont étonnés lorsqu'un escadron de cavalerie française arrive à leur niveau et déclare qu'ils restent.
À peine 30 minutes plus tard, et avant que Burnett ne puisse revenir avec ses canons, l'attaque de chars débute.

À 14 h 30, une estafette essoufflée de la compagnie A, arrive au quartier général du bataillon avec l'information que plus de 40 chars avancent sur le hameau du Tôt.

Presque simultanément, un message arrive de la compagnie C indiquant une attaque de 50 blindés allemands sur son front gauche.

Les blindés engagent une manœuvre afin d'encercler les soldats de la ferme du hameau du Tôt. Ils arrosent d'obus les deux compagnies et le quartier général du 2ᵉ bataillon des Seaforths.

Les mortiers et les fusils antichars écossais tirent et endommagent trois chars allemands. Les tirs incessants des chars allemands infligent une perte de 30 à 40 tués et blessé, côté écossais.

L'artillerie britannique étant absente, la résistance face aux chars allemands est meurtrière pour les soldats écossais.

Les Allemands appliquent une nouvelle stratégie face à cette opposition écossaise, qui dans l'instant présent, ne pose aucun souci pour leurs chars.

Les chars allemands se scindent en deux ; une partie demeure devant les soldats écossais du hameau du Tôt et de Saint-Sylvain ; et l'autre partie s'engage en direction de la falaise d'aval de Saint-Valery-en-Caux.
Les positions des Écossais sont régulièrement arrosées d'obus, afin de protéger les troupes allemandes se dirigeant sur Saint-Valery et d'un potentiel retournement de situation.

Dans le verger derrière la ferme, quelques véhicules sont déjà incendiés, de même qu'un chalet ainsi que la grange servant de poste de secours.

Le sous-lieutenant Philip Mitford relate les faits de cette attaque : « *J'avais été touché deux fois, par des éclats d'obus au pied et à la tête, et j'ai pensé que je ferais mieux de me faire soigner.*

Mais il y avait tellement de monde dans le poste de secours que j'ai préféré laisser le médecin McKillop, soigner d'autres soldats et je suis parti.

Quelques secondes plus tard, la grange reçut un coup direct d'un mortier lourd.

Un bon nombre d'entre eux ont été tués à l'intérieur et McKillop a été gravement blessé. Une de ses jambes a été arrachée et l'autre cassée à trois endroits.

Malgré cela, il a essayé de diriger les opérations et a refusé d'être déplacé jusqu'à ce que le dernier homme encore en vie ait été secouru.

Tragiquement, le médecin, le lieutenant Murdoch McKillop, 25 ans, et pratiquement tout son état-major a été tué ou blessé dans l'explosion.

La mission dangereuse d'évacuer la grange en feu a été entreprise par une équipe de volontaires, utilisant des portes pour emmener les blessés, car il n'y avait pas de civières.

Les cas les moins graves ont été évacués rapidement dans un effort frénétique pour les empêcher d'être brûlés vifs.

Quand le tour du lieutenant McKillop est arrivé, il a demandé de le laisser dans la grange, réalisant que ses blessures étaient mortelles et ne souhaitant pas mettre en danger la vie de soldats.

Son souhait a été ignoré et lui aussi a été sauvé, mais il est décédé plus tard dans la soirée. Toute la grange a ainsi été évacuée avec un bilan de huit soldats morts ».

Les blessés survivants sont emmenés dans un verger attenant où un nouveau quartier général est installé avec le reste de la compagnie du commandement.

Lors de l'attaque sur la grange, les Écossais ont pensé qu'il y avait un espion qui avait indiqué la position de leur quartier général, car l'attaque initiale des chars s'était concentrée uniquement sur ce lieu.

Les compagnies B et C situées à l'avant du village de Saint-Sylvain sont relativement indemnes au moment où la majorité des chars a attaqué les positions écossaises du hameau Tôt.

Derrière les chars, l'infanterie allemande a suivi l'attaque, et les tirs de mortier ont commencé à être dirigés sur les vergers avant.

Le sergent John Mackenzie, qui commande le 15e peloton, est dans le verger avant gauche, soudain, un véhicule allemand, essaye d'avancer, suivi de soldats allemands armés de fusils, mais ils n'ont aucune chance contre les mitrailleuses des Écossais.

Le tir des mitrailleuses fauche les soldats allemands. Cela a mis un terme à ce déplacement des troupes allemandes.

Dans le même verger, le sous-lieutenant Colin Mackenzie, l'officier du renseignement s'est rendu à Saint-Valery pour recueillir des informations sur l'évacuation et il est rentré au moment où l'attaque des chars commençait et son camion a été touché par des balles de mitrailleuse.

Rejoignant le périmètre défendu par la compagnie C à Saint-Sylvain, il entreprit de se rendre utile auprès de ses camarades attaqués par les Allemands.

À ce moment, une balle traverse son casque et l'assomme sans lui traverser la tête.

Colin se réveille ensuite par les cris d'un soldat très gravement blessé.

MAC KILLOP JOHN
R.A.M.C SEAFORTH
Tué le 11 juin 1940 au Hameau du Tôt
Inhumé à Saint-Valery-en-Caux

JOHN CRAIG
2e bataillon de SEAFORTH
Tué le 11 juin 1940
dans les combats entre le Hameau du Tôt
et Saint Sylvain.
Inhumé dans le cimetiére
militaire de Saint-Valery-en-Caux.

Il se retrouve seul, car vraisemblablement ses camarades l'ont cru mort.

Il distingue un camion à munitions qui a été abandonné et il s'en sert pour transporter le blessé et rejoint le quartier général du 2e bataillon des Seaforths où est situé le poste de secours afin de permettre de soigner le blessé.

Le major Grant assiste à ce retour de camion à munitions conduit par le sous-lieutenant MacKensie et il est impressionné de ce qu'il voit, car le camion est en feu et certaines des munitions explosaient.

Dans ce camion, il y a aussi de l'eau et une caisse de biscuits qui servent au bataillon à se battre plus longtemps et aux blessés de se rafraichir, ce dont ils avaient grand besoin.

Les premières informations des combats du hameau Tôt parviennent au major Grant lorsque le soldat George Dodd et le sous-lieutenant Laidlaw arrivèrent au poste de secours régimentaire ; juste après la première attaque de chars, après avoir traversé le terrain dégagé entre les deux villages, avec un camion de blessés.

Lors du départ de ce camion de blessés, les deux commandants des deux compagnies, Ritchie et Fraser, considèrent inutile de continuer à défendre le hameau du Tôt.

Il est urgent pour eux de se replier sur les falaises au-dessus de Saint-Valery.

Malheureusement, alors qu'ils se dirigent vers les positions avancées pour s'assurer que les ordres de retrait étaient bien reçus, le major Fraser est encerclé par les chars et il est dans l'obligation de se rendre.

Le capitaine Hildreth, le sous-lieutenant Blair et deux pelotons de la compagnie D sont aussi forcés de se rendre.
Peu de temps après, le major Ritchie est tué.

Au cours de la soirée, beaucoup des défenseurs survivants réussissent à s'échapper du hameau du Tôt, mais la plupart ont été tués ou capturés.

Un certain nombre d'hommes ont perdu la vie en essayant de se frayer un chemin vers les imposantes falaises.

Le hameau du Tôt est abandonné par les Écossais de la compagnie A et D pour se replier vers Saint-Valery cependant le major Grant n'est pas mis au courant de cette manœuvre.

Le soir, la bataille à Saint-Sylvain s'est presque arrêtée, mais les chars allemands sont toujours présents autour du village et le moindre mouvement des soldats écossais des compagnies B et C déclenche des tirs de ces blindés.

Le quartier général du bataillon et sa compagnie se retirent dans un autre verger au centre du village qui offre une certaine protection antichar, mais n'a pratiquement pas de champ de tir.

Le seul moyen d'observation était d'envoyer des patrouilles.

Seuls deux camions ont été sauvés de cette bataille et les mortiers sont détruits lorsqu'il n'y a plus de munitions.

Alors que la nuit approche, le capitaine Toby Tailyour, l'officier des transports, se porte volontaire pour tenter de rejoindre Saint-Valery-en-Caux pour requérir de l'aide avec l'un des deux camions. Il est accompagné du caporal Everden.

Bernard FINN
4e bataillon de Seaforth

Il est tué le 11 juin 1940
à 22 ans

© Collection privée

Au cours du voyage, une balle blesse gravement Tailyour au bras, et malgré cette blessure le camion réussit à passer, mais cette mission ne permet pas d'apporter une aide aux hommes de Saint-Sylvain.

Quelques minutes, après le départ de Tailyour et d'Everden, les hommes du quartier général du bataillon ont entendu des tirs.

Le major Grant suppose immédiatement que le camion n'a pas réussi sa mission et il convoque ses commandants de compagnie pour une conférence.

Il donne les explications suivantes : « *Nous n'avons plus de nourriture, les hommes et les officiers sont épuisés, notre objectif de défendre Saint-Valery n'est plus possible, nous avons 45 blessés, et certain très gravement.*
Et nous n'avons aucun médecin. Certains blessés sont déjà morts par manque de premiers soins.
Un civil français de Saint-Sylvain nous propose de nous guider vers le bas des falaises vers un chemin menant à Saint-Valery.
Bien qu'aucun ordre de repli n'ait été reçu, on sait qu'une évacuation est prévue pour cette nuit ».

Sans surprise, les commandants de la compagnie sont tous d'accord pour accepter l'offre du civil français et tenter de rejoindre Saint-Valery-en-Caux.

Le major Grant ne sait toujours pas que les compagnies A et D du major Fraser et Ritchie ont essayé de se replier et il décide d'envoyer quatre volontaires au hameau du Tôt pour les informer de la décision prise.

Alors que la nuit tombe, les blessés ont été mis sur des portes qui servent de brancard et la colonne s'est formée.

Mais la difficulté de transporter ces brancards de fortune peu maniables, certains nécessitant jusqu'à six hommes en forme, a ralenti la colonne.

Il est vite devenu évident pour le major Grant qu'elle ne pourrait jamais atteindre les falaises avant le jour.

Il décide de revenir aux positions du centre du village, en emmenant les compagnies B et C dans ce plus petit périmètre.

Le plan est de faire une tentative similaire la nuit suivante, laissant les blessés avec un petit groupe pour se rendre auprès de l'armée allemande, dès que les autres se seront enfuis.

© Geoffrey Bryden viendra pour la dernière fois en juin 2015 et il sera l'unique vétéran de la 51e Highland Division présent pour la cérémonie du 75e anniversaire de la bataille de juin 1940.

Les combats du 1er Gordons et du 7e Norfolk

Les trois compagnies du 1er bataillon de Gordons, en position de fer à cheval à la lisière de Saint-Riquier-es-Plains, ont eu de la chance.

Le flanc de l'assaut des panzers s'avance étroitement vers leur droite, directement au-dessus du sommet de la compagnie D du 7e régiment du Royal Norfolk, dans des tranchées creusées dans un champ de maïs.

Le sous-lieutenant « Ran » Ogilvie, avec son peloton à gauche des soldats du 7e Norfolk, indique que neuf canons antichars ont été utilisés contre le blindage plus mince sur les côtés des chars allemands et a été sans effet, même à des distances très courtes de 50 mètres.

Après le départ des blindés, Ogilvie est envoyé avec une patrouille pour évaluer la situation dans la ligne de défense des soldats du 7e régiment du Royal Norfolk.

Il l'a trouvé en grande partie sans officiers, les pertes humaines sont terribles, c'est un vrai carnage. Les mitrailleuses allemandes de gros calibre ont fendu et déchiqueté les corps des soldats.

Les chars ont roulé sur les corps des soldats tués.

La compagnie D du 7e Norfolk a été décimée.

Peter REYNOLDS
Tué le 11 JUIN 1940 à 22 ans
Inhumé à Saint-Valery-en-Caux

© Collection privée

Malheureusement, les éléments du 1ᵉʳ bataillon de Gordons, composé du quartier général du bataillon, des compagnies C et HQ et du peloton antichar de la brigade des Gordons, positionnés dans un verger aux abords du village d'Ingouville, se trouvent sur la trajectoire de l'attaque des panzers.

Le sous-lieutenant Jimmy Dunlop, commandant les trois canons antichars de 25 mm, est le premier à entrer en action, lorsque les chars avancent en vue du quartier général du bataillon, ils sont presque à portée maximale.

Deux canons derrière une botte de foin sont atteints par des tirs directs de char allemand.

De plus, un obus de mortier atterrit sur un camion d'essence, provoquant un incendie qui se propage au camion de munitions des canons antichars.

Heureusement, le sous-lieutenant Dunlop et ses hommes réussissent à récupérer quelques caisses qu'ils apportent aux canonniers de l'ultime canon encore en service.

Le sergent en charge de ce dernier canon, réussit à tirer de nombreux obus avant d'être hors service peu après.

Heureusement pour les défenseurs du verger, ils sont entourés d'un haut talus de terre que les chars ne peuvent pas pénétrer et au bout de quelques minutes ils se dirigent vers Saint-Valery.

Mais durant les heures restantes du jour, l'infanterie allemande s'infiltre entre le quartier général du bataillon situé à Ingouville et les compagnies écossaises positionnées à Saint-Riquier. Ce qui coupe le lien entre ces unités.

À la tombée de la nuit et durant 20 minutes, une tempête de plomb et d'acier sous forme de tirs de mortier et de mitrailleuse ravage le verger d'Ingouville.

Lorsque les tirs stoppent, les blessés sont déplacés vers un château voisin.

Le commandant, Harry Wright, est maintenant dans un véritable dilemme. Il sait que l'embarquement est prévu pour cette nuit-là, mais il n'a reçu aucun ordre et il est sans contact avec les compagnies qui sont restées à Saint-Riquier-es-Plains.

Wright essaye de reprendre contact avec les compagnies en envoyant deux hommes, mais cela se solde par un échec.

À 2 heures du matin du 12 juin, le capitaine Victor Campbell, le major de la 152e brigade lui ordonne de se replier sur Saint-Valery.

Avant de partir, Wright fait une dernière tentative pour faire passer l'ordre de repli aux soldats du village de Saint-Riquier-es-Plains.

L'homme choisi pour cette mission est Jimmy Dunlop.
À peine, avoir parcouru 500 mètres, il est touché aux deux jambes par un Allemand vigilant.

Avec beaucoup de courage et l'aide d'une bicyclette d'enfant, Dunlop se traîne vers le quartier général du bataillon où tout le monde s'apprête à partir.

Wright n'a plus d'autre choix que de partir avec le reste de ses hommes.
Auparavant, deux ambulances chargées de blessés sont détruites en essayant de rejoindre Saint-Valery et il est désormais considéré comme trop risqué d'emmener les blessés graves.

Une cinquantaine de blessés graves reste dans le château, soignée par le médecin, le capitaine Altham et certains de ses brancardiers qui se portent volontaires pour rester.

La compagnie C en tête et les restes des soldats écossais d'Ingouville partent à l'aube.

À la tête de la colonne, juste derrière le capitaine Freddy Colville, le commandant de la compagnie, se trouve le soldat Tom Copland de la section du renseignement.

Arrivée sur une route étroite, une mitrailleuse allemande tire sur les soldats écossais. Ils plongent pour se mettre à l'abri dans un verger à gauche de la route, mais il est entouré de chars.

Le capitaine Colville monte sur le premier char et balance une grenade à l'intérieur du char et dans un deuxième char, mais au troisième char, une rafale de mitrailleuse le tue.

Il s'agit maintenant d'attaquer les nids de mitrailleuses allemandes cachés dans la végétation.

Finalement, Pierre Boudet, interprète français, menant l'attaque avec 15 Écossais est grièvement blessé. Ils sont tous capturés peu de temps après ce dernier combat.

La compagnie du major Hutchins entend l'embuscade et Hutchins emmène ses hommes par un autre chemin, réussi à atteindre la ville, tout comme Jimmy Dunlop, qui lui est transporté dans un camion,

Le colonel Wright à moins de chance ; suivi avec le personnel de son quartier général à quelque distance derrière les compagnies C et celle de commandement, il ignore le danger sur la route et se dirige droit sur les Allemands.

Les autres compagnies restées sur le front à Saint-Riquier-es-Plains sont sans commandants et ne savent pas quoi faire.

Durant toute la nuit, des tirs intermittents sont dirigés contre leurs positions, mais aucune attaque n'a été lancée. Les Allemands tiennent leurs positions, mais la nuit ils n'engagent pas de mouvement de troupes.

À l'aube, le capitaine John Stansfeld, commandant la compagnie D, demande à son dépanneur, ex-officier de patrouilles de combats Johnny Rhodes, d'essayer de rejoindre le quartier général du colonel Wright pour demander des ordres.

Stansfeld envoie plusieurs estafettes au cours de la nuit sans succès, et Rhodes était son dernier espoir.

L'officier Rhodes précise que quand il est passé devant la compagnie A, le capitaine Aylmer s'est précipité sur lui en lui saisissant la veste et en lui disant : « Vous restez ici, nous sommes en danger ». Et désespéré ! Rhodes lui dit : « Maintenant, regarde, calme-toi ! J'ai reçu l'ordre de rejoindre le quartier Général du bataillon afin d'obtenir le repli des compagnies ».

Aylmer décide de défendre le QG de la compagnie A et Rhodes reprend son chemin et quand finalement il atteint le QG du bataillon, il n'y avait plus personne.

Rhodes s'est rendu sur le site d'origine du quartier général dans le verger et n'a pas aperçu le médecin et les blessés dans le château voisin.
Soupçonnant que le QG du bataillon s'est rendu à Saint-Valery, Rhodes monte dans la voiture abandonnée du commandant pour en informer les compagnies sur le front de Saint-Riquier-es-Plains.

Sur le retour, il reçoit plusieurs rafales de mitrailleuse avant de surgir dans Saint-Riquier-es-Plains avec sa voiture criblée de balles.

En quelques minutes, les commandants des compagnies prennent des dispositions pour revenir à Saint-Valery-en-Caux. Méfiant, de la capacité du capitaine Aylmer, à faire passer ses hommes en toute sécurité, le sous-lieutenant Ogilvie a demandé et a reçu la permission de se retirer avec son peloton de manière indépendante.

Peu de temps avant le départ d'Ogilvie, il demande à l'un de ses guetteurs, le soldat David Catto, de vérifier le terrain au Nord pour les postes ennemis. Quelques secondes plus tard, Catto est abattu par un tireur d'élite.

Sans perdre plus de temps, Ogilvie et ses hommes partent : ils quittent la position et ils se déplacent en formation d'attaque tactique ouverte à travers le terrain découvert vers Ingouville.

Par miracle, le peloton d'Ogilvie réalise une longue marche de 1200 à 1500 mètres en terrain découvert sous le feu des fusils, des mitrailleuses et des mortiers et il en sort indemne.

Au milieu des arbres à Ingouville se trouve un chaos de morts et de blessés de la Compagnie C et du quartier général du bataillon.

Le médecin et son équipe travaillent dur parmi les blessés... Le peloton continu à avoir de la chance, car il découvre trois camions en excellent état avec des chauffeurs, au milieu du village d'Ingouville.

Le sous-lieutenant Ogilvie ordonne à son peloton de grimper dans les camions et Olgivie monte dans la cabine du camion de tête aux côtés d'un soldat doté d'un mitrailleur Bren.

Pendant un certain temps, les camions ne sont pas visés par l'ennemi et dévalent sans périls la route étroite.

C'est trop beau pour durer. Alors que le convoi franchit une montée sur la route, il est accueilli par deux chars, l'un à 50 mètres sur sa gauche, et un autre à 100 mètres plus loin.

Le premier camion fonce sur le char, mais il tire et l'obus atteint le camion au niveau du moteur et blesse le chauffeur au pied.

Tous les Écossais descendent des camions et le sous-lieutenant Olgivie réalise que la situation est désespérée et demande de cessez-le-feu à ses hommes.

Un jeune homme, bien bâti, de son peloton Gordon Holmes, qui à 15 ans et qui a menti sur son âge pour s'enrôler, continue à tirer avec son fusil mitrailleur. Olgivie lui ordonne d'arrêter, ce qu'il fit. Le sous-lieutenant Ogilvie a alors commencé à marcher vers le char le plus proche, à seulement 20 mètres de distance, tenant un mouchoir blanc dans sa main gauche et son pistolet Luger allemand capturé sur un soldat allemand.

Ce n'est que lorsque le commandant du char saute au sol pour accepter la reddition qu'Ogilvie se souvint avec crainte d'avoir appris que tout prisonnier pris avec une arme allemande est abattu.

Le commandant de char n'est manifestement pas au courant de cette infraction, car il a pris le pistolet, a mis le cran de sûreté et l'a empoché sans un murmure. La plupart des hommes restants des compagnies A, B et D suivirent Ogilvie et son peloton en captivité, les ramassèrent alors qu'ils tentent de se rendre à Saint-Valery-en-Caux.
Un homme, cependant, réussit à rejoindre Saint-Valery.

Après avoir informé les compagnies du front de Saint-Riquier-es-Plains que le quartier général du bataillon était parti, Johnny Rhodes est parti pour Saint-Valery-en-Caux dans la voiture du commandant, accompagné d'un de ses hommes, le soldat « Ginger » Simpson, qui tient un pistolet Bren à la fenêtre arrière. Il a également croisé les chars d'Olgivie, mais grâce à la vitesse du véhicule et de la chance, il rejoint Saint-Valery-en-Caux.

© Le sergent Lawrie du régiment des Gordons highlanders sera tué le 11 juin 1940
à l'âge de 38 ans durant les combats à Saint-Riquier et inhumé à Saint-Valery-en-Caux.

Défense et embarquement à Saint-Valery-en-Caux.

À Saint-Valery, le 7e bataillon du régiment royal du Norfolk doit impérativement défendre le périmètre intérieur de la ville en se positionnant sur les deux falaises qui entourent la ville.

Lors de cette mission de défense de la ville, une équipe de reconnaissance vient à peine de finir sa tâche sur la falaise d'aval, qu'elle entend des tirs d'armes légères et aperçoit 15 chars allemands sur le haut des falaises d'aval.

Aussitôt informé le commandant du 7e Norfolk, le colonel Debenham ordonne à un détachement de l'artillerie composé de canons de type Bofors de se positionner dans les rues proches de la falaise pour faire barrage à ces chars allemands. Mais cela s'avère inutile, car les chars allemands n'ont pas besoin de prendre le risque d'attaquer la ville pour empêcher une évacuation ; de leur position sur les falaises, ils peuvent empêcher cela tout aussi efficacement, sans risque d'être atteint.

Tandis que Debenham est ainsi occupé, le capitaine Jickling envoie les quatre autres compagnies du 7e Norfolk à leurs positions attribuées sur la ligne de périmètre intérieur. La ligne a été renforcée en fin d'après-midi par deux pelotons du 1er régiment de Kensingtons et un peloton du 7e Royal Northumberland Fusiliers. Mais ces hommes ne sont pas arrivés à temps pour empêcher des fantassins allemands de se frayer un chemin à travers les vergers et les jardins et d'atteindre les abords de la ville.

Au milieu de l'après-midi, ces troupes allemandes, entraînées à s'infiltrer en petits groupes dirigés par des sous-officiers, se trouvent très proches de la grande maison servant de quartier général à la division. Le personnel du général Fortune est alerté du danger lorsque le brigadier Eden se précipite pour appeler des volontaires à défendre la maison.
Dirigés par le colonel Swinburn, ils parviennent à repousser les Allemands jusqu'à la lisière de la zone boisée sur les hauteurs de la falaise d'aval où les chars sont visibles à moins de 200 mètres.

Eric TAYLOR
7e bataillon
du Régiment du Royal Norfolk
1920 2021
(Angleterre)

- Le 11 juin 1940 , défense dans la ville de
Saint-Valery-en-Caux.
- Le 12 juin 1940, il est fait prisonnier sur
la place de la mairie.

Insigne
du 7e bataillon du Régiment du Royal Norfolk

© Éric Taylor participera à l'anniversaire du 70ᵉ de la bataille de Saint-Valery et au reportage britannique sur la 51ᵉ Highland Division réalisé en 2018.

Le général Fortune ne participe pas à cet événement du fait qu'il est en train d'inspecter des troupes sur la falaise d'amont. Le général Marcel Ihler, qui est au quartier général de Fortune depuis deux jours, est également absent. Il est occupé à installer son propre quartier général sur l'avenue Foch dans la villa Carlotta.

Lorsque la menace pesant sur le quartier général de la division a été repoussée pour la première fois, le commandant Elkins est invité à retourner sur la plage pour essayer d'entrer en contact avec la marine, qui n'a pas encore validé si elle pouvait faire face à embarquer 24 000 hommes à partir de 22 h 30.

Elkins et le capitaine de corvette Elder ont précédemment installé une radio sans fil à l'extrémité de la jetée-est, mais n'ont pas pu établir de contact. Maintenant, avec la présence allemande à la périphérie de la ville et la probabilité que leur artillerie soit bientôt très proche, Elkins doute fortement qu'une évacuation puisse réussir. Avant de quitter le quartier général de la division pour le front de mer, Elkins a envoyé un court message à l'amiral James demandant de nouveau un soutien aérien pour neutraliser l'artillerie ennemie et l'infanterie.

En raison des obus qui atterrissent dans le centre de la ville, Elkins remonte le côté-ouest, jusqu'au coin de la falaise, à quelques centaines de mètres du début de la jetée-ouest. Là, il trouve un groupe de soldats qui se protège des tirs ennemis et put voir que les deux jetées sont sous le feu des mitrailleuses allemandes. Accompagné de quelques soldats dont l'un est le responsable des services de munitions, le colonel Roth, Elkins tourne au coin et est choqué par ce qu'il voit.

Sur la jetée-ouest, sur la plage et au pied de la falaise, il y a un très grand nombre de soldats français, qui se sont tous apparemment rendus, à un homme qui les appelle en français et en anglais et beaucoup le font en jetant leurs armes.

Elkins relate les faits :
*« Les hommes autour de moi ont dit : "ce sont nos camarades là-haut — ne tirez pas".
Je me suis dirigé vers les Français pour savoir ce qui se passait, quand j'ai vu un casque
allemand au sommet de la falaise à moins de cent mètres. J'ai aussi vu le museau d'un char et
ce qui semblait être une mitrailleuse sur un trépied. J'ai arraché un fusil à un soldat et j'ai
descendu la jetée en courant et j'ai crié à Elder sur l'autre jetée de détruire les radios. Comme
j'ai couru, les Allemands en colère ont ouvert le feu avec une mitrailleuse, mais je courais très
vite et ils m'ont raté. Je n'ai pas pu atteindre un petit bâtiment au bout de la jetée et je suis
tombé derrière un tas de galets. Les Allemands m'ont demandé de me constituer prisonnier et
comme je suis resté là où j'étais, ils ont tiré quelques cartouches dans le tas de galets, ce qui a
réduit sensiblement la taille de celui-ci ».*

Apercevant un officier allemand sur la falaise, Elkins tire rapidement avec son fusil sur
l'officier, mais ne réussit pas à l'atteindre. S'il avait été un meilleur tireur, la Wehrmacht
allemande aurait été privée de son jeune commandant le plus brillant, car cet officier n'est autre
que le général Erwin Rommel qui a rejoint ses troupes de tête. En réponse à cet affront, une
mitrailleuse rouvrit le feu sur la position d'Elkins, réduisant encore plus son maigre tas de
galets, une balle ricochant même sur son casque.

Une fois de plus, l'allemand demande à Elkins de se rendre, et pendant qu'il pèse les options,
il a remarqué que le lieutenant-commandant Elder sur la jetée-est se tient debout avec ses mains
sur la tête. Heureusement pour Elder, la jetée-est de l'entrée du port est toujours sous le contrôle
des Britanniques, et il a peu ainsi échappé à la capture.

Elkins reste indécis. Tous les hommes autour de lui se rendent à l'exception d'un petit groupe
derrière le phare de la jetée et un autre sous la falaise, y compris les deux officiers du RASC,
dont l'un a été blessé à l'estomac. D'autres blessés gisent tout autour. Puis, alors qu'Elkins
réfléchit encore à sa situation, une scène des plus bizarres se déroule sous ses yeux : un Écossais
en kilt... est apparu et, sans tirer, a descendu la jetée jusqu'au bout du phare et a ouvert le feu
au sommet de la falaise avec sa mitrailleuse.

Pendant ce temps, Elkins se demande quoi faire. Il ne voyait aucune chance de s'échapper parce
que les plages et les jetées sont désormais arrosées de balles par les mitrailleuses ennemies en
plus des tirs d'artillerie. Les Allemands envoient deux hommes armés de mitraillettes au bout
de la falaise ce qui motive Elkins derrière son tas de galets, à se rendre.

Peu de temps après, Elkins rejoint un millier de prisonniers qui se sont déjà rendus, la plupart
français, gardés au sommet des falaises. De cette vue, il peut voir un grand nombre de chars
allemands au Sud et à l'ouest de la ville, tirant sporadiquement dans les rues et les maisons, et
derrière eux des batteries d'artillerie et de l'infanterie arrivant en camions.
En début de soirée, Rommel missionne un certain nombre de prisonniers de se rendre dans la
ville sous des drapeaux blancs.
Le but est d'informer ses défenseurs qu'à moins de se rendre, sa division commencerait un
bombardement total de la ville à 21 heures.

Le sous-lieutenant Brian Hay du 1er bataillon de Gordons est arrivé à Saint-Valery avec sa
section de transport dans la matinée, et il a mis en place une série de positions de défense dans
le centre-ville en utilisant tous les hommes armés qui sont prêts à exécuter tous les ordres.
Peu de temps après, vers 18 heures, un des messagers français de Rommel arrive à la position
de Hay sous un drapeau de trêve avec une demande de reddition de toutes les troupes.

© Groupe de soldats écossais du régiment des Camerons, dont John Borland en bas à gauche. John Borland a été un des soldats combattants près du phare de St Valery. Les faits rapportés par Elkins sont identiques à ceux de John.

John BORLAND
4e bataillon de Cameron
Prisonnier à Saint-Valery-en-Caux
22/07/1919- 07/09/2011 (Glasgow)

© Photographie de l'auteur : John Borland en juin 2010 à Saint-Valery-en-Caux.
  Sur son calot l'insigne du régiment des Queens Own Camerons Highlander avec sa plume bleue.

© Musée des Gordons à Aberdeen : soldats du régiment des Gordons à Aberdeen

Hay relate ce moment *: « Eh bien, je parlais assez bien le français, alors nous en avons discuté et j'ai dit que ce n'était pas de mon pouvoir et que je ne peux rien y faire. Il a insisté, et j'ai perdu mon sang-froid alors je l'ai tapé avec mon revolver en le faisant tomber dans la boue sur le côté du port. "Que pouvais-je faire ?" J'étais un petit rouage et ce n'était pas en mon pouvoir de demander à la division de se rendre et de toute façon je ne le voulais pas ».*

À peu près au même moment, un deuxième soldat français envoyé par Rommel arrive au quartier général de la 51e division. En l'absence du général Fortune, le lieutenant-colonel Swinburn lui indique que la division ne se rendra pas et qu'il peut repartir en informer le général Rommel. La division continue à construire des barricades et en mettant en place un grand nombre de soldats et de mitrailleuses tout autour du port de Saint-Valery.

Un plan d'évacuation est défini pour les troupes françaises et britanniques : Plage A avec deux emplacements pour les Français et la plage B pour les troupes britanniques. D'après un croquis du lieutenant-colonel Swinburn de la 51e division écossaise. Les Britanniques espèrent toujours embarquer durant la nuit.

Fidèle à sa parole, Rommel lance un bombardement lourd à 21 heures exactement. La puissance de feu combinée de son régiment de chars et de son bataillon de reconnaissance est dirigée d'abord vers l'entrée du port, puis vers la partie nord-ouest de la ville.

À la tombée de la nuit, les chars se retirent, mais le bombardement de la ville est poursuivi par des canons antiaériens de 88 mm, tandis que l'infanterie utilise des mitrailleuses et des fusils pour maintenir la pression. Malgré cette pression des Allemands sur la ville et son front de mer, le général Fortune a toujours l'intention de tenter un embarquement cette nuit-là.
Le quartier général de la division a été hors de contact avec la Navy pendant une grande partie de la journée.

En raison de l'ordre de l'amiral James qui à 13 h 30 pour que les navires de guerre et l'armada de sauvetage se déplacent à six milles de la côte en raison du danger des bombardiers et de l'artillerie allemande. Mais le général Fortune n'a jamais abandonné l'espoir du salut. Lui et son équipe font tout ce qui est en leur pouvoir pour être prêts à embarquer à l'heure proposée de 22 h 30.

À 18 heures, l'information tant attendue est arrivée au quartier général du général Fortune, l'amiral Platon basé au Havre a donné l'autorisation pour l'évacuation. Il lui avait finalement été arraché aux alentours de 4 h 30 par le capitaine Tower, qui s'était alors mis à informer toutes les parties intéressées, y compris la 51e division, l'amiral James, le capitaine Warren du HMS Codrington et le War Office.

À 18 h 15, l'amiral James confirme le message du capitaine Tower en envoyant le sien au capitaine Warren qui lui indique : « *L'évacuation de Saint-Valery-en-Caux doit commencer ce soir. Tous les transports disponibles sont partis* ». Compte tenu de la proximité des Allemands, Fortune juge nécessaire de souligner à l'amiral James et au trop hésitant War Office que le temps était précieux.

À 20 h 30, Fortune adresse un message qui précise : « *considérez ce soir la dernière chance possible de la 51ᵉ Division.*
Les autorités françaises ont donné leur accord. Force britannique constituée de 12 000 soldats et autant pour les Français, au total 24 000 hommes ». Une heure plus tard, toutes les unités de la 51ᵉ division écossaise ont reçu l'ordre d'embarquer pour 22 h 30 à Saint-Valery sauf le 2ᵉ bataillon des Seaforths et une partie du 1ᵉʳ bataillon des Black Watch. Cet ordre n'a, semble-t-il, pas été donné aux soldats français.

Car lorsque le colonel Swinburn est allé voir le général Ihler à son quartier général à 20 heures pour discuter des heures d'embarquement, Ihler lui a dit que les bateaux ne pouvaient pas rentrer ou accoster dans Saint-Valery, et qu'il était donc inutile de prendre des dispositions sur cet embarquement potentiel. Alors que les chars de Rommel font un trou dans les frêles défenses du périmètre-ouest de Saint-Valery, les autres secteurs profitent encore d'une journée relativement paisible alors que les quatre autres divisions allemandes et demie avancent plus tranquillement.

© Saint-Valery-en-Caux de nos jours

© Photographie de soldats de la compagnie A du 7ᵉ bataillon du régiment du Norfolk prise à Dersingham. Ils participeront à la défense de St Valery.

© Collection privée : chars allemands sur la route du Havre à Saint-Valery-en-Caux le 12 juin 1940.

Les combats dans les villages autour de Veules et Saint-Valery.

Le 11 juin 1940 vers 16 heures, le périmètre entre Saint-Pierre-le-Viger et Veules-les-Roses est bombardé et mitraillé par l'aviation allemande, perpétrant des victimes au sein du 5ᵉ régiment des Gordons sur la route de Saint-Pierre-le-Viger et Iclon.

C'est bientôt suivi par des tirs de mortier et d'artillerie hostiles, particulièrement féroces sur les positions tenues par le 2/7 e du régiment du duc de Wellington autour de Veules-les-Roses.

© Photographie des tombes : des soldats du régiment Duke of Wellington's qui ont été tués à Blosseville-sur-Mer.

Conférence à Blosseville-sur-Mer

À 17 h 30, une conférence a lieu au quartier général de la 153ᵉ brigade dans un verger à l'est du village de Blosseville.

Lors de la conférence, le brigadier Burney a dit aux commandants les quatre bataillons qui occupent le périmètre est, qu'une tentative d'embarquement doit avoir lieu à Saint-Valery dès l'arrivée de la Navy, probablement durant la nuit du 12 au 13 juin.

Pour se préparer à cela, tous les équipements et moyens de transport, à l'exception des armes et d'un camion par compagnie, doivent être détruits.

Cette décision est tardive pour toutes les unités sur le front de la défense du port. Elle a été dépendante d'une décision validée entre le gouvernement britannique et français.

© Collection privée : soldats de la 51ᵉ division écossaise en juin 1940.

Le feu vert a été donné à la marine britannique et française, très tardivement, pour que ces deux entités s'engagent dans la venue des navires vers Saint-Valery-en-Caux. Alors que la conférence se déroule dans Blosseville, les chars de la 5ᵉ Panzer Division se mettent en position d'attaquer le 2/7ᵉ du régiment du Duc de Wellington près de Veules-les-Roses.

Alors qu'ils avancent d'une direction sud-est, les chars doivent traverser le front du 5e Gordons et du 4ᵉ Seaforths. Le 23ᵉ régiment d'artillerie du lieutenant-colonel Garrat devant Blosseville a été informé de la venue de cette colonne ennemie et il arrose d'obus la route en détruisant un certain nombre de véhicules, dont des chars. Mais la majorité réussit à passer, et dès 15 h, une attaque de chars est lancée contre le 2/7ᵉ Duc de Wellington qui garde le tronçon nord de la route Veules-les-Roses vers Saint-Pierre-le-Viger.

Perçant finalement la ligne à plusieurs endroits, les chars allemands ont viré vers Saint-Valery-en-Caux et les défenseurs ont réussi à tenir le coup.

À 22 heures, la conférence est interrompue par un bombardement juste devant Blosseville.

Le major Shaw-Mackenzie, commandant le 4ᵉ régiment de Seaforths, part à la recherche d'une route sûre afin de quitter Blosseville pour rejoindre son quartier général à Iclon.

Attaque sur Saint-Pierre-le-Viger

Des unités du 1er bataillon des Black Watch, en position près de Saint-Pierre-le-Viger, sont également en action. Les défenses à ce moment sont occupées par deux compagnies, A et B, une section de canons antiaériens et une partie d'un régiment français (22e RIC) qui les a rejoints quelques heures plus tôt. Cette fragmentation du bataillon est le résultat d'un ordre de la brigade, reçu à 13 heures, de reconnaître une nouvelle ligne entre Gueutteville-les-Grès et Cailleville.

En prévision d'un retrait probable sur la nouvelle ligne plus tard dans l'après-midi, le colonel Honeyman avait replacé ses compagnies C, D et HQ dans un verger près de Houdetot, à deux kilomètres à l'est de Saint-Pierre-le-Viger.

Peu après 16 h 30, lorsque Honeyman est parti pour la conférence de brigade, les compagnies A et B de Saint-Pierre-le-Viger ont été visées par des tirs de mortier et de mitrailleuses allemandes. Comme la compagnie B s'attendait à ce qu'un retrait commence à 17 heures, elle n'a pas creusé de tranchées de protection et elle est désormais très vulnérable sous ce déluge de feu.

À 18 h, la compagnie B se retire de 150 m de sa position pour se réfugier sur une route à l'abri des tirs.

À 19 heures, de nouvelles attaques allemandes s'amorcent sur le flanc gauche des compagnies A et B et les Allemands ont également contourné son flanc droit.

© Collection Nara : canons et blindés allemands en action avec son infanterie.

Craignant que les hommes de ses deux compagnies ne puissent plus résister longtemps par ces attaques meurtrières, le capitaine Bill Bradford (commandant en l'absence du lieutenant-colonel Honeyman et de son commandant en second, le major Dundas) a envoyé l'officier du renseignement John Moon avec une moto afin d'obtenir des ordres du lieutenant-colonel Honeyman. Une heure plus tard, n'ayant aucune nouvelle, Bradford s'entretient avec le commandant du 22e RIC pour lui signifier qu'il envisage un retrait de ses hommes.

Alors que Bradford se demande quoi faire et que les pertes en homme deviennent considérables à cause des tirs de mitrailleuses et de mortiers, l'ennemi continuait de gagner du terrain, en particulier sur le flanc droit.

À 21 h 45 heures, le capitaine Bradford décide le retrait de ses hommes en collaboration avec les Français, en se dirigeant vers Gueutteville-les-Grès. Tous les blessés sont transportés par camion pour être conduits jusqu'au plus proche poste de secours. Grâce à la détermination du chauffeur, le caporal Farquharson, ce camion passe en toute sécurité.

Puis, à quelques minutes du retrait, juste avant 21 h 45 la panique s'est installée, car les deux compagnies se retirent en désordre ce qui a fait penser à tous les soldats que l'ennemi était très proche. Ils partent à pied, dans une marche de huit kilomètres, et durant une partie de la route, ils sont sous le feu de l'artillerie allemande.

Le capitaine Bradford et 120 soldats des compagnies A et B rejoignent Gueutteville-les-Grès à 1 h 30 du matin. Après deux heures de repos, ils atteignent Saint-Valery-en-Caux au lever du jour.

Durant l'attaque allemande sur Saint-Pierre-le-Viger, les compagnies de commandement (HQ), C et D près de Houdetot, sont également sous la pression des tirs de mitrailleuses et d'obus.

Ils ont été rejoints par le lieutenant-colonel Honeyman, qui n'a pas pu retourner au quartier général du bataillon parce que des voitures blindées ennemies lui bloquent la route.

Avec l'appui de canons du 23e régiment d'artillerie et d'une mitrailleuse Vickers pilotée par le 1er bataillon des Kensingtons, le bataillon des Black Watch tient bon.

Mais l'ordre de repli sur Saint-Valery-en-Caux pour l'embarquement n'arrivera jamais, et à l'aube du 12 juin 1940, ces soldats britanniques tiennent toujours sur leur position, en ignorant que toutes les troupes ont quitté leur position pour rejoindre Saint-Valery.

Ignorant que la reddition a été ordonnée par le général Victor Fortune, du fait du manque de communication.

© Collection auteur : le journal britannique « The war illustrated du 2 août 1940 » annonce la reddition de la 51e division écossaise (51st Highland Division) à Saint-Valery-en-Caux.

At St. Valery All Was Lost Save Honour

Taken in France while it was still "all quiet on the Western Front," this photograph shows Gordon Highlanders being inspected by a French general at British G.H.Q.

One of the two brigades forced to surrender at St. Valery, the 152nd was composed of Seaforth and Cameron Highlanders. In this photograph a guard mounted by the Camerons is seen being inspected by the C.O., while inset is a smiling sergeant of the Seaforths.

Photos, Photographic News Agency and British Official: Crown Copyright

Watch). The men, however, held on gallantly throughout the day and the enemy failed to break through at any point on the eastern wing. Increasing fire, however, especially from heavy mortars, guided by accurate direction from the air, made the line ever more difficult to hold. At night the order was received to withdraw to the beaches and for the troops to embark at St. Valery, where vessels were to be sent to receive them. A rendezvous was given at St. Valery railway-station, and embarkation was to begin at 2 a.m. on June 12.

Gen. Fortune's final order to his division, dated St. Valery June 11, was to the effect that the Navy would probably make an effort to take the division off by boat, perhaps that night, or in two nights. All ranks must realize that the operation could be achieved only by the full co-operation of everyone, and that the utmost discipline must prevail. Men would board boats with equipment and arms ; vehicles would be rendered useless. Finally, if the enemy should attack before the whole force was evacuated, all ranks must realize that it would be up to them to defeat them. The enemy might attack with tanks, but we had anti-tank guns. If the infantry could stop the enemy's infantry, that was all that was required, while our anti-tank guns and rifles could inflict casualties on the enemy's armoured fighting vehicles.

The withdrawal was successfully made, and the men arrived near their rendezvous, where news was received that the embarkation could not be proceeded with. It appeared that the previous day, while our two brigades had successfully held their positions, the French Ninth Corps had been forced back, permitting the enemy to get round behind the British positions and occupy the port. Harbour and beaches were already occupied by the enemy, with tanks, mortars and machine-guns commanding every point of embarkation.

At 8 a.m. the French capitulated and handed over the town to the Germans. There was therefore no further hope of escape, and the remnant of the division, totalling about 150 to 200 officers and between 4,000 and 5,000 men, was taken prisoner by the enemy, together with the French Ninth Corps.

One of the unhappiest aspects of this tragic event was the fact that at Veules les Roses, a little port a few miles eastward of St. Valery, a large number of other British troops were at that moment being embarked. Had the 51st Division but known of this undoubtedly a great many of the men could have marched there without difficulty and got away.

When captured the British troops, while exhausted, short of food, and worn out by continuous marching and fighting in hot weather, were in high spirits and full of fight. They were not inconsiderately treated by their captors, though it was clear that the Germans had never expected such a large bag.

"Over 26,000 prisoners were taken," announced the German High Command, "including five French generals and one British."

Rations at first were scanty, a loaf of rye bread being divided among six, and water was short. The first day they were marched 12 miles to a camp near by, but after that conditions improved, and their subsequent movements were by motor-lorry.

Major-Gen. V. M. Fortune, G.O.C. of the division, was treated with special attention, and was permitted to keep his motor-car, his A.D.C. and his servant. Similar courtesies were shown to the two brigadiers with him.

Le retrait des troupes pour l'embarquement

La première unité du périmètre qui abandonne ses positions dans la soirée du 11 juin est celle du 2/7 e Duc de Wellington du lieutenant-colonel Taylor. Vers 21 h 45, peu de temps après l'attaque de char allemand qui balaye ses défenses fragiles, le lieutenant-colonel Taylor, ordonne l'ordre de retrait vers la plage de Veules-les-Roses. En quelques minutes, une patrouille de chars allemands s'avance vers le quartier général du bataillon sur une route creuse à la lisière du village de Blosseville-sur-Mer. Dans la confusion qui suit, alors que ces hommes se dispersent, le lieutenant-colonel Taylor se sépare du corps principal et est malheureusement capturé.

Le 4e bataillon des Seaforths tenant le périmètre du côté d'Iclon et Veules-les-Roses apprend par un soldat de liaison du 2/7 e régiment Duc de Wellington que ce dernier s'est retiré de Blosseville et que de nombreux soldats ont été tués et que la route vers Saint-Valery est ouverte. Ce retrait est considéré comme critique par le commandement du 4e bataillon des Seaforths.

À 2 heures du matin, le sous-lieutenant Bisset, l'officier de liaison du bataillon apporte un message qui indique d'abandonner les positions des 22 heures pour un embarquement prévu à 2 heures du matin à Saint-Valery-en-Caux.

À 3 heures du matin, le bataillon quitte Iclon, et, malgré avoir rencontré une patrouille ennemie près de Blosseville, il arrive sans encombre à Saint-Valery-en-Caux, quelques heures plus tard. Quant au 5e bataillon des Gordons, son retrait n'est effectif qu'à 4 h 30 du matin. Le seul bataillon du périmètre-ouest à avoir atteint Saint-Valery-en-Caux intact dans la nuit du 11/12 juin est le 4e bataillon des Camerons qui vient de Neville.

© Le capitaine Derek Lang du 4e bataillon de Cameron fut capturé en juin 1940 à Veules-les-Roses. Il s'évade et il revient libérer Saint-Valery-en-Caux le 1er septembre 1944 avec une unité de reconnaissance de la 51e division écossaise. La 2e Derbyshire Yeomanry.

Le 4ᵉ bataillon des Camerons est l'une des rares unités à avoir son transport encore largement intact, et en vidant ses camions de tout sauf des armes et un peu de nourriture, il conduit tous ses hommes directement à Saint-Valery-en-Caux, arrivant vers 2 heures du matin. Le major Bertie MacLeay, commandant de la compagnie du quartier général, a par la suite consigné dans un journal cette expérience inoubliable :

« *La course vers Saint-Valery-en-Caux était macabre à l'extrême et rappelait Dante et son Enfer. Nous avons croisé des chalets flamboyants, des châteaux, des camions et des chargements tout au long du trajet. Normalement, les gens se précipitaient loin d'une ville condamnée et flamboyante et ici nous y amenions 500 hommes supplémentaires. Lorsque nous avons atteint la ville, l'éblouissement est devenu de plus en plus brillant et c'était comme la lumière du jour alors que nous descendions la rue escarpée jusqu'à la place supérieure. De cette place, différentes rues rayonnaient et nos instructions étaient de prendre la route à droite après la gare. Le premier camion a fait cela seulement pour trouver la route impraticable avec des bâtiments en feu. Ils ont tourné et ont rencontré le deuxième camion entrant, bloquant complètement la rue. Après une brève conférence avec les autres officiers, le major Hill ordonna au bataillon de descendre et les moteurs des camions furent brisés à coups de marteaux et de pioche. Les hommes se sont ensuite regroupés sur la place tandis que le major MacLeay et le capitaine Lang sont partis à la recherche d'une autre route vers le port* ».

Donald SMITH
4e bataillon de Seaforth
03/10/1920 - 14/03/2021

© Donald Smith est blessé le 12 juin 1940 à Veules-les-Roses, il est transporté par camion à Saint-Valery, mais celui-ci est atteint par un obus. Il arrive à s'en extraire et rejoint Saint-Valery à pied jusqu'au jardin de la propriété de la famille Savoye où il sera fait prisonnier. Il reviendra à Saint-Valery en janvier 2018 pour le tournage d'un reportage de la 51ᵉ Highland Division.

Le commandant du 1er régiment de cavalerie des Lothians et Borders, le lieutenant-colonel Ansell, apprend dans l'après-midi que la cavalerie française en position un peu plus au sud passerait par son régiment à 20 heures, tandis que son régiment restera en arrière-garde jusqu'à ce que l'ordre de se retirer arrive. Bien avant ces heures fatidiques le lieutenant-colonel aperçoit dans ses jumelles le retrait de troupes françaises et il est déstabilisé par ce qu'il voit.

Il ne comprend pas ce repli et imagine que les Allemands sont très proches et que la situation est réellement critique et que sa position devient périlleuse. Finalement, en début de soirée, le général Fortune arrive lui-même avec ses ordres. Comme souvent, le 1er régiment de cavalerie des Lothians and Borders doit servir d'arrière-garde pour la division et, avec le 7e régiment du Royal Norfolk, qui tient le périmètre intérieur, il doit être la dernière formation à embarquer.

Au vu de cet ordre qui sacrifie son régiment, le lieutenant-colonel Ansell a demandé au général Fortune la permission de diviser son régiment en petits groupes après minuit, afin de donner les meilleures chances aux hommes de s'échapper après cette dernière mission. Le général Fortune accepte et en apprenant le retrait précipité des Français, demande à Ansell de contacter le général français concerné et de lui dire d'ordonner à ses hommes de rester en position.

Le lieutenant-colonel Ansell se lance aussitôt dans cette mission en prenant un side-car, et, après d'interminables retards sur des routes remplies de réfugiés et de soldats français, finit par localiser le quartier général du général français dans un verger. Il le trouve dans une longue pièce basse donnant sur le verger avec un beau soleil couchant.

Il nous relate sa rencontre avec le général Chanoine :

« Un petit homme marchant de haut en bas comme Félix le chat. Il était en grande tenue, avec l'épée et toutes ses médailles. Je me suis mis en colère, lorsqu'il n'a pas voulu répondre à mes questions, disant qu'il ne savait pas où se trouvaient ses troupes et que maintenant cela n'avait pas d'importance, il souhaitait se rendre ». Déprimé par ce défaitisme, Ansell retourne vers ses hommes pour attendre les ordres. Ils arrivèrent enfin, fixant l'heure du retrait à minuit et l'heure probable d'embarquement à 4 heures du matin. Comme toutes les autres unités de la 51e division, les Lothians ont reçu pour instruction de détruire tout l'équipement sauf les armes personnelles. À l'heure convenue, le régiment est parti en bon ordre, hérissé de brens, de fusils antichars. Malgré l'obscurité, la ville de Saint-Valery est bientôt visible par les langues de flamme qui s'élèvent dans le ciel au-dessus des maisons du centre-ville.

©Collection IWM : Saint-Valery-en-Caux, le 12 juin 1940

Les navires britanniques au secours des troupes franco-britanniques

Alors que les soldats de la 51e division écossaise se battent à Saint-Valery-en-Caux, dans la nuit, du 11 au 12 juin, l'armada de l'amiral James fait de son mieux pour arriver au rendez-vous.

Vers 17 heures, le capitaine Warren est à bord du navire de guerre, le destroyer *Codrington,* et il reçoit un message du Captain Tower basé au Havre donnant le feu vert pour l'évacuation des troupes franco-britanniques. À ce moment, l'armada est positionnée à une bonne dizaine de kilomètres au nord-ouest de Saint-Valery-en-Caux.

Sur cette armada uniquement 16 navires ont des radios pour communiquer sur un total de 67 navires marchands et 140 bateaux plus petits. Ce qui a provoqué des difficultés pour les rassembler. Cette lacune de radio n'aurait peut-être pas été aussi perturbatrice par temps clair, mais le 11 juin en mer est tout, sauf clair ; des plaques épaisses de brouillard ont dérivé à travers la mer rendant le contact par message lumineux pratiquement impossible.

Dans cet aveuglement, les bateaux se sont séparés et ont perdu le contact.

Les navires de guerre le « HMS *Codrington* et le HMS *Saladin* » ont été en mesure de conduire un certain nombre de navires pour se rendre à Saint-Valery-en-Caux en utilisant les haut-parleurs, comme certains des bateaux avec lesquels ils sont en contact radio, mais beaucoup d'autres n'ont pas reçu d'instructions.

Une autre flottille élaborée à Newhaven `` Haven Blue', sous le commandement du lieutenant Dyer, et composée de neuf yachts à moteur et de trois bateaux de pêche remorqués par un charbonnier côtier est arrivée à Saint-Valery-en-Caux, le 11 juin à 14 heures et n'a trouvé aucun navire en vue. La flottille a ensuite navigué vers le nord pendant deux heures, mais ne voyant rien, et supposant que les navires de la Navy se sont retirés, la flottille est retournée à Newhaven. Une deuxième flottille nommée "Haven Red" commandée par le capitaine Cameron réussit à diriger ses trois navires et 14 bateaux de pêche vers Saint-Valery-en-Caux, où il sait que l'évacuation doit avoir lieu.

Dans son rapport sur l'opération, Cameron indique : *"Nous avons continué notre route vers Saint-Valery-en-Caux, en approchant la brume s'est levée à ce moment-là, nous avons vu que toute la ville était en flammes, mais il n'y avait toujours aucun signe d'autres navires".*

Tous les pilotes de ces bateaux n'ont pas voulu rentrer dans le port, car ils considèrent que cela aurait été suicidaire. Il est à ce moment 2 heures du matin.

© Collection privée : le Codrington

© Collection auteur : l'Amazon est un des bateaux qui sera au large de la Côte d'Albâtre.

Le 11 juin à 13 h 5, le capitaine Armstrong a envoyé le message suivant à son supérieur, le capitaine Warren, sur le *Codrington* : *"J'ai enquêté sur Saint-Valery-en-Caux qui semble plein d'ennemis et la plage est sous un feu nourri, je me dirige maintenant vers Veules. Où êtes-vous ?"*.

Le destroyer *Codrington* est en fait, également en vue de la ville et dans son rapport, le capitaine Warren déclare qu'il était clair d'après le message d'Armstrong que Saint-Valery est tout à fait inenvisageable comme lieu d'évacuation. De son destroyer, le capitaine Warren peut voir par lui-même que la ville brûle violemment et que beaucoup de tirs de mitrailleuses et d'artillerie sont dirigés sur la plage. C'est à ce moment-là, peu après 1 heure du matin, le 12 juin 1940, que la décision d'annuler l'embarquement des troupes à Saint-Valery a été prise.
Des ordres ont été donnés aux bateaux qui ont pu être contactés de se diriger vers la plage de Veules-les-Roses. Ignorant cette décision de la marine britannique et confiant que la marine arriverait pendant la nuit, l'état-major de la 51e division a poursuivi ses préparatifs et à 22 h 30, un certain nombre de soldats sont déjà en position dans le port et sur les plages.

Après une longue heure passée sans aucun signe des bateaux, le colonel Roney-Dougal, l'officier d'état-major responsable du front de mer, a renvoyé un message à cet effet au quartier général de la division. Après avoir attendu une autre heure infructueuse, Roney-Dougal est revenu en personne pour déclarer au général Fortune qu'à son avis, les bateaux ne viendront plus. Pourtant, le général Fortune n'a pas perdu espoir et a insisté pour que les hommes restent prêts à embarquer encore un peu.

À 1 h 15, le capitaine de corvette Elder attend anxieusement sur le front de mer avec sa radio. Il envoie un message à la marine demandant quand les navires sont "attendus" et soulignant que la situation est critique. Le capitaine de corvette Elder n'est pas informé par le capitaine Warren que les navires se dirigent sur Veules-les-Roses. Et c'est ainsi que les soldats restent durant encore deux heures sous le feu des tirs allemands.

Enfin, à 3 heures du matin, craignant les conséquences de laisser ses hommes exposés dans de telles positions jusqu'à l'aube qui n'était qu'à une heure et demie, le général Fortune missionne le colonel Roney-Dougal pour leur ordonner de se mettre à l'abri au sud de la ville.

Là, ils furent dirigés par le colonel Swinburn vers la place de la gare et le bois d'Etennemare proche de la route de Cailleville et de Neville. Toutes les troupes qui atteignent Saint-Valery-en-Caux après cette heure ont reçu des instructions similaires. Le premier navire marchand à atteindre Veules-les-Roses fut le *Goldfinch*, commandé par le lieutenant Thompson.

Il y avait été dirigé par l'un des destroyers et à 2 h 30, Thompson utilise ses canots de sauvetage, pilotés par trois officiers et 21 matelots, pour recueillir des soldats sur la plage.

Dans son rapport sur l'opération, Thompson montre son admiration pour les hommes qu'il a sauvés : *"Ce fut une révélation de voir des hommes qui se battaient depuis des jours sans nourriture ni repos adéquats, aidant à tirer les bateaux vers le navire, la plupart d'entre eux étaient à bord épuisés quand ils montèrent à bord".*

Beaucoup sont blessés. Au lever du soleil, plus de 400 hommes sont embarqués. D'autres navires arrivent tels que les navires marchands *Guernesey queen*, *Cameo* et *Archangel*, le drifter *Golden Harvest*, le schuyt néerlandais *Pascholl*.

Un certain nombre de navires français et belges sont également présents. Bien que seule une fraction de l'armada de sauvetage d'origine ait atteint Veules-les-Roses, les efforts de ceux qui l'ont fait ont compensé le petit nombre. Une grande partie du mérite revient au commandant Chatwin et aux sous-lieutenants Killam et McLernon, les officiers du *Codrington* qui ont été débarqués à 4 heures du matin sur la plage de Veules-les-Roses pour assurer le commandement.

Andrew CHEYNE
Royal Corps of Signals
1920 - 24/02/2018
Aberdeen

© Le 12 juin 1940, Andrew Cheyne est blessé sur la plage de Saint-Valery-en-Caux à côté du casino. Son ami James Chappell est décédé, juste à côté de lui sur cette plage. Le 13 juin 1940, il est ramassé et conduit à l'hôpital de Rouen. Andrew viendra en juin 2009 et 2010 déposer des fleurs sur la tombe de son ami inhumé dans le cimetière militaire de Saint-Valery.

© Collection privée : navire belge « Amélie-Mathilde »échoué à Veules-les-Roses.

Les deux sous-lieutenants assurent la discipline dans les files d'attente qui se forment, tandis que Chatwin dirige l'embarquement depuis son bateau à moteur, empêchant les bateaux de partir avant qu'ils ne soient complètement chargés et aidant ensuite à les remorquer. Bien qu'il y ait eu des tirs intermittents tôt le matin, la pluie et le temps brumeux ont réduit son efficacité et aucun bâtiment n'a été touché.

Mais à 8 h 30, un bombardement d'artillerie lourde a été ouvert contre les bateaux et sur la plage d'est en ouest. En une demi-heure, tous les navires britanniques ont quitté Veules, à l'exception du *Pascholl*. Chatwin ordonne aux petits bateaux restants de se rendre au *Pascholl* pendant qu'il embarque sur la plage dans son bateau à moteur.

Bien que Chatwin soit convaincu qu'aucune troupe britannique ne se trouve encore sur le rivage, il déclare dans son rapport qu'un certain nombre de soldats français sont restés sur la plage.

Au total, 1 300 Britanniques et 900 Français ont été évacués de Veules-les-Roses dans la matinée du 12 juin 1940. De loin, le plus grand nombre d'hommes sauvés d'une seule unité est d'environ 500 et c'est celui du 2/7 e régiment Duc de Wellington.

© Collection NARA : photographie du 12 juin 1940 prise par les Allemands.

© Collection NARA : chars allemands sur la falaise d'aval de Saint-Valery-en-Caux, le 12 juin 1940.

Table des matières

Sources bibliographiques

1- Neuf mois au gouvernement de Paul Baudouin éditions la Table Ronde, 1948.

2- Rappelé au service, mémoires du général Weygand éditions Ernest Flammarion, 1950.

3- Soixante jours qui ébranlèrent l'occident, 10 mai - 10 juillet 1940 par Benoist-Méchin, 1956.

4- Sedan, terre d'épreuve du général Edmond Ruby, éditions Ernest Flammarion, 1948.

5- Historique du 22ᵉ régiment d'infanterie de Marine par l'Atelier Alinéa, 1994.

6- Winston Churchill, mémoires de guerre, 1919-1941, éditions Tallandier, 2009.

7- British fleet and escort destroyers, volume one par H. T. Lenton, éditions MacDonald de Londres.

8- The Royal Norfolk Regiment par Tim Carew publié par le Royal Norfolk Regiment Association Britannia Barracks, Norwich.

9- A Londoner in the 51st Highland Division par Mike Drinkall editions Somes Books, 2014.

10- The history of the 51st highland division par J.B. Salmond et le Dr Tom Renouf, editions the Pentland Press Ltd, 2014.

11- Ships of the Royal Navies par Oscar Parkes, éditions Purnell and Sons, Ltd. 1937.

12- Our Heroic Highlanders, éditions Gale et Polden Ltd,

13- Churchill's sacrifice of the Highland Division, France 1940 par Saul David, 1994.

14- The Black Watch and the King's Enemies par Bernard Fergusson, éditions Collins, 1950.

15- Historique du 11ᵉ régiment de cuirassiers (1652-1983)

16- Historique du 12ᵉ régiment de chasseurs

17- L'armée française, collection « la France vivante » par éditions J. de Gigord

18- La ruée des panzers par Jean-Robert Gorce, éditions Heimdal, 1997.

19- La France pendant la Seconde Guerre mondiale, éditions Fayard et ministère de la Défense, 2010.

20- Rapport de la 51 st Highland Division de 1940 des archives britanniques.

21- Revue militaire de l'armée n° 2 d'octobre 1945.

22- Les flottes de combat par le commandant Vincent-Bréchignac de 1940.

23- De Gaulle sous le casque par Henri de Wailly, éditions Perrin de 1990.

Remerciements

Je tiens à remercier l'ensemble des familles françaises et britanniques qui permettent aujourd'hui grâce à leurs documents et photographies, la publication de cet ouvrage à la mémoire des soldats de mai et juin 1940 des 2e, 5e, 31e, 40e divisions françaises et de la 51e division écossaise :

– La famille du général André Berniquet

– La famille du colonel Georges Labouche

- La famille du capitaine Jean Grognet

- La famille d'Albert Auger

- La famille de Marcel Modart

- La famille de Daniel Morel

– La famille de lieutenant Stanislas Dorange

– La famille de Jean Cauchois

– La famille de Marcel Lavenu

– La famille d'André Jourde

– La famille de John Borland

– La famille d'Andrew Cheyne

– La famille de William Crighton

– La famille de Frank Madle

– La famille de Donald Smith

– La famille d'Éric Taylor

– La famille de Richard Taylor

– La famille de William Shayer

– La famille de Frederick Aubrey

– La famille de Geoffrey Bryden

– La famille de John MacQueen

Je remercie l'amicale des anciens du 12e régiment de chasseurs pour l'accès aux archives du régiment.

Je remercie Hervé Savary pour ses informations sur des soldats du 12e Chasseurs.

Je remercie Kelly Lelièvre pour ses documents historiques de Ste-Colombe.

Je remercie mes amis britanniques, John Crowe, Chester Potts, Craig MacAlpine et le regretté Tom Renouf pour l'accès au musée et aux archives de la 51st Highland Division.

Je remercie la municipalité de Veules-les-Roses pour son accès à ses archives et tout particulièrement Jean Claude Claire et Jean Louis Angelini.

Je remercie Maggy Savoye et Louis Savoye pour le soutien à la transmission de l'histoire de Saint-Valery-en-Caux.

Je remercie toutes les communes des Ardennes, de la Somme et de la Côte d'Albâtre pour les commémorations à la mémoire des soldats de mai et juin 1940.

ISBN 979-8-3765164-2-3
Achevé d'imprimer en mars 2023

Imprimé à la demande par Amazon
Dépôt légal : Mars 2023
30 € TTC

Printed in France by Amazon
Brétigny-sur-Orge, FR